中国古代国家治理丛书

唐代国家治理

盛唐治道

Shengtang
Zhidao

著 马平安

团结出版社
UNITY PRESS

图书在版编目（ＣＩＰ）数据

盛唐治道 / 马平安著 . -- 北京 : 团结出版社，
2023.1
ISBN 978-7-5126-9742-3

Ⅰ . ①盛… Ⅱ . ①马… Ⅲ . ①中国历史－研究－唐代
Ⅳ . ① K242.07

中国版本图书馆 CIP 数据核字 (2022) 第 189151 号

出　版：团结出版社
　　　　（北京市东城区东皇城根南街 84 号　邮编：100006）
电　话：（010）65228880　65244790（出版社）
　　　　（010）65238766　85113874　65133603（发行部）
　　　　（010）65133603（邮购）
网　址：http://www.tjpress.com
E-mail：zb65244790@vip.163.com
　　　　tjcbsfxb@163.com（发行部邮购）
经　销：全国新华书店
印　装：三河市东方印刷有限公司

开　本：170mm×230mm　　16 开
印　张：13.75
字　数：211 千字
版　次：2023 年 1 月　第 1 版
印　次：2023 年 1 月　第 1 次印刷

书　号：978-7-5126-9742-3
定　价：48.00 元
　　　　（版权所属，盗版必究）

前言　壮阔的舞台　豪迈的时代

一、壮阔的舞台

经过周秦汉时代不断的文化与政治选择，华夏文明选择了大一统作为中华民族的政治与文化主旋律。

东汉末年，天下大乱，又经过魏晋南北朝的历史选择，中国历史与文化再次选择了大一统政治模式。

当中华文明演进的步伐迈进7世纪初时，因为唐王朝的崛起，中国政治与文化被推向了一个空前繁荣昌盛的新时代。

这是一个令人艳美与称道的时代。

大唐王朝的疆域，最盛时期，东至朝鲜半岛，西达中亚咸海，南到越南顺化，北括贝加尔湖。

大唐王朝的统治者在继承与汲取前代政治经验教训的基础上，重视政治清明，积极发展经济文化，为华夏政治文明作出了积极而重大的贡献。

大唐盛世时代，不仅域内政治清明，统治者还以开明的胸怀和多样化的怀柔羁縻手段，迎来众多民族的归附。唐天子不仅是汉人的皇帝，而且被"诸番君长"尊为"天可汗"，成为各民族的最高共主。民族融合发展与兼容并蓄成为大唐文化的重要态势。

在如此辽阔的疆域和大一统王朝的保障下，通往西域的丝绸之路也重新开通。唐王朝为了保障丝路的畅通，努力经营西域。唐王朝在打败西突厥后，先后设立安西四镇和安西、北庭两大都护府，对西域各地实施了有效的统治，同时又在与吐蕃和东突厥争夺对西域的统治权的斗争中，取得胜利，到唐玄宗时，唐朝的势力越过葱岭直达中亚细亚。在唐前期一百多年中，唐王朝始终维持了丝路的畅通，"无数铃声遥过碛，应驮白练到安西"①。丝绸之路的重新开通，成为中西文化交流的重要孔道，玄奘西行取经就是循丝路而往来的。

与前代相比，大唐时期对外交流的重要孔道，还有"海上丝绸之路"的开辟。当时的广州成为中国南方的国际大都会，波斯、阿拉伯、南洋、东南亚以及欧洲、东非各国和各地区的商人，纷纷远涉重洋来到中国；中国人也有循此路南下西去游历的，如义净法师游历南洋及印度各地就是走的这条路线。尤其是安史之乱以后，吐蕃攻陷了河西、陇右，控制了西域，西北陆路贸易逐渐衰落，而东南海上贸易转盛，"海上丝路"更加成为中外文化交流的重要途径。

此外，还有"唐蕃古道"，文成公主、金城公主就是循此道西行下嫁吐蕃国王的；西南丝绸之路，出川、黔、滇，直达缅甸、孟加拉湾，唐德宗时，骠国王派遣大型歌舞乐团访唐，走的就是这条路线；往来新罗、日本的海路，频繁的遣唐使以及鉴真东渡，走的就是这条路线。这些对外交往的孔道，无不成为促进中外文化交流的重要途径，显示了大唐壮阔的政治气象。

空前辽阔的疆域和强盛的大一统帝国，使大唐人充满了前所未有的时代豪迈感，激发了他们进行文化创造的活力。李白一生浪迹天涯，写下了大量讴歌祖国大好河山的诗篇；随征文人出入边塞，歌颂祖国边疆的雄伟辽阔；吴道子、张旭那奔涌而出的书画创作冲动，僧一行、南宫说实测子午线长度的空前壮举，无不得益于大一统帝国所提供的壮阔、稳定的政治舞台。

---

① 张籍：《凉州词》。

二、有为的时代

大唐王朝还是一个在中国古代历史上充满了进取精神的有为时代。从唐高祖李渊建唐到唐太宗君臣推出"贞观之治"，以及千古唯一女皇武则天的出现，唐玄宗时"开元盛世"的形成，以至唐宪宗的"元和中兴"和唐武宗的"会昌削藩"等，这些不停顿地再现的政治新气象，为唐王朝政治与文化的创造提供了适宜的政治环境。

在国家治理方面，唐王朝建立以后，唐高祖、太宗、高宗全面改革了隋末弊政，继承和发展了三省六部制，改革了府兵制，大力发展科举制；修订唐律，建立了严密的法律制度，律、令、格、式互为补充，形成了独具特色的古代中华法系。尤其是唐太宗，这位千古明君，对唐初的改革贡献尤大，他在魏徵、房玄龄、杜如晦等一批政治家的辅佐下，制定了"偃武修文"的政策，在用人上不拘一格，从谏如流，注意照顾到各阶层和各地域集团的利益，在文化上制定了较为开明的政策，形成了历史上少有的政治清明现象——"贞观之治"，从而大大推动了唐代政治与文化事业的蓬勃发展。

武则天这位中国历史上唯一的女皇帝，其革新精神尤其惊人。她敢于打破中古时期男性独霸政坛的局面，以女主之身君临天下，这本身就是唐代一个很有趣的政治文化现象。在她统治期间，曾对科举制度进行了创造性的改革，又设立了武举，实行殿试，采用糊名的方式，其影响之大，超出一般。她还大力提倡和进行文教建设，成为从贞观之治向开元盛世过渡的桥梁。

唐政治与文化发展的鼎盛期，是"盛唐气象"的出现。这与唐玄宗锐意改革、形成开元盛世的局面有很大的关系。唐玄宗是中国历史上著名的多才多艺的皇帝，他懂乐舞、善诗文、精通打马球，又有治国才能。他即位的初期，励精图治，开创了开元盛世宏大局面。他非常注意文化事业的建设，大一统的各种文化组织在他统治期间完备而充实，人才济济，自由地创造和发挥，使文化发展蔚为大观。

安史之乱以后，唐王朝在政治上走向衰弱，但统治集团的革新进取精神并未完全消退。唐德宗急于削藩，未获成功，令人扼腕；唐顺宗支持"二王八司马"开展永贞革新，虽功亏一篑，但却涌现出唐代文化史上的两颗巨星柳宗元、刘禹锡；唐宪宗对中央机构多所改革，又对藩镇发动强大攻势，力图重振大唐雄风，形成"元和中兴"的政治局面，元稹、白居易、韩愈等一大批唐代文化史上的重要人物，皆活跃于这一时期；唐文宗谋除宦官之祸，起用李训、郑注等进行改革，酿成"甘露之变"的惨局，使人有"出师未捷身先死，长使英雄泪满襟"的感慨；唐武宗更是采取了激烈的措施，力图挽救江河日下的衰唐气象，他大力灭佛、淘汰冗吏、镇压藩镇、革除科举弊端，使唐王朝几至中兴；直到唐宣宗时期，还继续抑制宦官势力，致力于文教建设，他曾亲自谱曲排练、打马球、倡导进士科等，使大中年间文风蔚然，人称"小太宗"。正是唐后期统治集团不断进取的创新精神，才使得唐政治文化在盛唐气象之后，继续迸发出一连串耀眼的光芒而不像东汉后期那样平庸无奇。

三、繁盛的社会

隋唐五代时期的统治者，在进行政治改革的同时，还对经济制度进行了一系列的整顿和改革，促进了社会经济的恢复和发展，造成了全面繁盛的政治社会环境，这就为中国君主时代高度发达的文化新时代的到来，提供了雄厚的经济基础。

唐王朝建立以后，在经济上的改革成就颇大。在隋王朝的废墟上建立起来的唐王朝，汲取了隋亡的经验教训，及时调整了各种经济制度，对均田制和租庸调制多所改革，促进了自耕农和庶族地主经济的发展。贞观年间，遭到严重破坏的社会经济得到迅速恢复，史载"天下大稔，流散者咸归乡里，斗米不过三四钱，终岁断死刑才二十九人。东至于海，南及五岭，皆外户不闭，行旅不赍粮，取给于道路焉"①，号称"治世"。经过唐高宗、武则天时期的发展，到唐玄宗时终于开创出了开元盛世的宏大局面，社会经济空前繁荣，诗人杜甫情不自禁地吟诵出："忆昔开元全盛日，小邑犹藏万家室。稻米流脂粟米白，公私仓廪俱丰实。"②与这种社会经济高度繁荣的局面相同步，唐文化也形成了"盛唐气象"这样空前隆盛的格局。

到唐后期，社会经济发展到一个新阶段，其标志是地主土地所有制排挤了均田制，两税法代替了租庸调制。唐政府通过一系列经济上的整顿和改革，促进了南方经济的迅速崛起和发展，唐末五代时期中国的经济重心逐渐南移。随着南方经济的发展并逐渐超过北方，南方文化的发展也日趋发达，中国文化的重心也开始发生了南向转移的趋势。

总之，唐代空前辽阔的疆域，充满生机与开拓进取的精神，政治、经济的繁荣，大一统的新时代，为中华民族和中国政治的蓬勃发展，提供了壮阔的历史舞台。在这样一个有为时代里，通过大唐人的不懈努力，不但创造出高度繁荣的社会经济，而且锻铸成光辉灿烂的大唐气象，托起了中国诗歌发展的高峰。

---

① 《资治通鉴》卷一九三。
② 《杜工部集》卷五《忆昔》。

目　录

第一章　李渊建唐与武德政治

千百年来，由于李世民逼父禅位的特定背景，再加上贞观之治的耀眼光环，把李渊这位开国皇帝的光彩湮没在历史尘埃之中。在唐代及后世史家笔下，李渊平庸无能，优柔寡断，且又好色多疑；从起兵之谋到平定全国，都是其次子李世民立下的汗马功劳。但是，从唐王朝建立的进程以及武德政治的状况来看，这一说法并不能令人信服。事实上，据唐初温大雅在《大唐创业起居注》中的记载，唐高祖李渊"素怀济世之略，有经纶天下之心。接待人伦，不限贵贱，一面相遇，十数年不忘，山川冲要，一览便忆，远近承风，咸思托附"。他并不是无奈起兵，而是早在天下大乱之际，便让李建成在河东结交英俊、李世民在晋阳密招豪友。他曾经感叹那些轻率起兵者"可谓陈涉狐鸣，为沛公驱除者也"。显然，他要做成就帝业的沛公，而不是半道失败的陈胜。太原起兵之后，他亲统大军，身先士卒；大军驻次之时，他便"率家僮十数，巡行营幕。次比器仗精粗，坐卧饮食，粮禀升斗，马驴饥饱，逮乎仆隶，皆亲阅之。如有不周，即令从人借助，亦不责所属典司"。大功将成之际，他不骄不馁，准确把握敌我形势，统率大军长驱直入关中，据有隋都长安。在李唐建立以至统一全国的过程中，李渊是名副其实的开国皇帝，是他结束了隋末农民起义后的分裂割据局面，重建了一个大一统的王朝；李唐建立之初的诸多改革，也颇有"名君"之风，这些改革既为唐统一全国提供了有利条件，又为唐初的富强铺平了道路。至于其晚年政治，败在放权过多，导致诸子相争，酿成兄弟相残。但在这刀光剑影中造就了一代帝王唐太宗，奠定了贞观之治的政治基础。

一、隋王朝重建大一统的政治基础

经过魏晋南北朝长时期的分裂割据，中国历史进入一个新的发展阶段，即隋唐时期。这一时期的总特点是中国社会的政治、经济、军事、文化等方面有了巨大的发展，是中国自秦汉之后又一个强盛时期。

南北朝相互对峙绵延了一百六十二年，究其原因，在于南朝与北朝各有其内部的矛盾与冲突存在，因而维持了均势状态。当北魏初期入主中原、承十六国残破之后，整个社会经济尚未复苏，而其本民族的社会政治经济以至文化各个方面的组织与生活方式都在迅速变化之中，未能建立起强大的政治、军事力量来实现南北方的统一。北魏末期，又有边塞鲜卑与汉族的混合集团的兴起，尔朱荣是六镇军阀中最有势力的一个，而高欢与宇文泰是六镇集团中后来涌现出来的两个枭雄。经过激烈的斗争之后，尔朱荣的势力归于消灭，北魏分裂为东西两个政权，高欢和宇文泰分别成为东西魏的执政者。其后高氏代东魏而为北齐，宇文氏代西魏而为北周，北周又灭北齐，从而打破了南北朝力量的均衡，为隋的统一打下了基础。故隋唐社会的统一，其契机在于北周宇文泰的经营关陇。①

隋王朝是继承北周而起的大一统王朝。北周静帝大定元年（581年），大丞相、都督内外诸军事杨坚废年仅九岁的周静帝自立，建国号为隋，改元开皇，定都长安，杨坚即是隋文帝。

隋王朝建立后，隋文帝采取了一系列强化中央集权、发展社会经济文化的有力措施。隋王朝虽然短命，但其政治、军事和经济力量日益壮大，远远超过南方的分裂割据政权，打破了南、北的均势。从隋文帝开始，隋王朝逐渐开始了统一全国的进程。开皇七年（587年），隋灭建都于江陵的后梁。翌年，开始进攻陈朝，不到三年的时间，隋军

---

① 参见白钢主编，俞鹿年著：《中国政治制度通史》第五卷《隋唐五代》，人民出版社1996年版，第1页。

渡过长江，攻破陈都建康，俘虏了陈后主及其文武大臣，陈朝亡。开皇十年（590年），隋军又平定部分地方豪族势力的叛乱，并乘胜向南推进，击溃陈朝的残余势力。隋的统一，结束了自东晋十六国以来二百七十多年分裂割据的政治格局，建立了统一的中央集权国家，有利于各民族的融合和政治、经济、文化的发展，也为隋王朝全方位发展政治、军事、经济、文化创造了有利条件。

经过魏晋南北朝时期三百余年行政体制的发展变革，秦汉三公列卿旧体制的因素逐渐减少，而三省新体制试运行的力度不断加强，到隋王朝建立后，这一新旧行政体制的过渡趋于完成。

隋王朝建立后，隋文帝实行了若干政治、军事改革。这是在秦以后统一政权下进行的影响较大的改革活动。它是在中国古代士族地主所有制开始衰落而要求强化国家权力的历史和政治背景下，代表士族地主的共同利益，并在统一政权的部署下进行的。改革从保护士族地主共同、长远利益出发，着意于抑制高门士族分割性特权势力，并在一定程度上反映了经济力量有所增长的庶族地主的政治要求，客观上起到了维护和加强国家统一、顺应历史发展的重要作用。

隋集汉晋以来职官制度之大成，建立起更加完善的中央政府机构，确立了三省六部制中央行政体制的基本框架，唐又在这一框架内部加以调整而有所损益。

（一）政治改革

主要集中在改革中央和地方官制上面。

首先，在中央职官方面，隋文帝废除北周仿效《周礼》的六官，将两汉、魏晋、南朝各代的中央官职作了一次大的整合，在此基础上建立了三省六部制。

三省，即内史省、门下省、尚书省。内史省的长官称内史令，又置内史侍郎、内史舍人和内史通事舍人；门下省的长官称纳言，又置给事黄门侍郎（后去掉给事之名）。内史省与门下省是中央的决策机关。内史省负责草拟和颁发皇帝的诏令；门下省是审议机构，负责审核政令，驳正违失。尚书省是执行机构，负责执行全国政令，其长官称尚书令；又置尚书左右仆射，下置吏部、礼部、兵部、都官（后改称刑部）、度支（后改称户部）、工部，每部设尚书，总管部务。此外，有御史台和太常、光禄、卫尉、宗正、太仆、大理、鸿胪、司农、太府九寺，九寺置卿和少卿为长官。还有都水台（长官为都水使者）、国子寺（长官为国子祭酒）、将作寺（长官为将作大匠）等官府的设置。隋文帝又采北周制度，置上柱国、柱国、上大将军、大将军、上开府仪同三司、开府仪同三司、上仪同三司、仪同三司、大都督、帅都督、都督，计十一级，以酬勋功。三省之外，又设有秘书省，长官称秘书监。至隋炀帝时，又分置殿内省，与文帝时所设门下、内史、尚书、秘书省共为五省。又增置谒者台、司隶台，加上御史台为三台。再加上少府监、长秋监与国子监（国子寺）、将作监（将作寺）、都水监（都水台），合称五监。隋王朝的中央体制大致如此。

隋文帝继续沿着魏晋南北朝时期各政权对国家行政管理体制的调整方向进行彻底变革，主要表现为以下两个方面。

一是，确定了三公官不再兼任政府职务的原则。事实上魏晋以后三公职务就已经荣誉化，三公不再负责具体行政事务，但三公位居一品，其历史上作为中枢首脑的地位也有着巨大的惯性，对新的三省体制的运行和专制皇权的集中有着不利影响，因此必须从体制上加以根除。隋文帝正式规定三公均不参加政府机构的活动，只作为奖赏有功之臣的最高荣誉职衔，而且尽量不以公官授人。这些措施最终从体制上根除了旧体制的弊端，为新的中枢体制的良好运行提供了保障。

二是，确定了三省之间的分权方式。魏晋以来，三省体制逐步成长，逐渐形成尚书省掌行政、中书省掌诏令、门下省掌封驳的决策程序。但魏晋南北朝时期三省之间的这种关系既不十分清楚，也未被固定下来，造成三省之间决策地位的游移，影响三省新中枢体制的正常运行。隋文帝将这种分工确定下来，并将三省长官均列为宰相，确定尚书省总署都省为"政本之地"。这一措施将魏晋南北朝时期试运行达三百余年的新体制加以定型，奠定了隋唐中央行政体制的基本构架。

其次，在地方职官方面。隋王朝仍设州、郡、县三级。雍州置牧、京兆置尹，其余之州置刺史，有的州还设有总管。郡的长官是太守，县的长官为令（长）。开皇三年（583年），隋文帝采用河南道行台兵部尚书杨尚希的建议，罢去郡这一级，改为州、县两级制。杨尚希在其建策中，令人信服地分析了北周所遗留的地方政权层次繁多、机构臃肿的问题，指出地方官员数与黎民之比，是"民少官多，十羊九牧"，结果造成"具僚以众，资费日多；吏卒人倍，租调发减"。[①]于是隋文帝裁罢五百余郡，后来隋炀帝又改州为郡，实行郡、县两级制。当时的郡数减到一百九十个，所辖的县总共一千二百五十五个，平均每个郡管辖六个以上的县。

在裁撤地方行政机构的同时，还废除了秦汉以来地方官就地自聘的制度。规定凡九品以上的地方官吏，一律由中央的吏部任免；又规定州县佐官要三年一换，不得重任，并且须用外地人，不得使用本地人。这样，把地方官用人之权完全收归中央，防止地方政权为豪强所把持，进一步加强了中央对地方的控制。对刺史之权亦采取削弱的措施，即隋朝罢郡之后，改为以州治县，州的长官虽仍因循刺史之名，但其实权只与郡太守相同，所谓"名则因循，职事同于郡守，无复刺举之任"[②]。隋炀帝对文帝的改革作了进一步的完善。炀帝改州为郡后，对郡太守的级别有新规定："上郡从三品，中郡正四品，下郡从四品"，与原来的州刺史相比，依次降了一级；对郡太守的统兵和财政大权也采取了削弱措施，即"别置都尉领兵，与郡不相知"[③]，使地方机构中的军政分离。后又置通守一人，位次太守，意在牵制太守。

统观隋文帝父子的职官改革，遵循着一条共同原则，就是想方设法加强君权，抑制和分散臣权，加强中央权力，压低和分散地方权力。隋代改革后的中央政权机构，与秦汉有明显区别的是隋不设丞相一职，将相权一分为三，三省的长官尚书令、内史令、纳言同为宰相，而丞相恰是秦汉中央官僚机构中最有职权的关键职务，可谓"一人之下，万人之上"。相权显赫集中，势必威胁到君权。故曾以大丞相之职专断朝政，继而夺取政权的杨坚对相权的威胁予以足够的重视，实行三省六部制，以三省长官为宰相，使他们互相牵制，而不能独专朝政，其最终决策权则归于皇帝。

①　《隋书》卷四十六《杨尚希传》。
②　《通典》卷一七一《州郡一》。
③　《通典》卷三十三《职官十五》。

同时，隋文帝十分注意不使三省权力过重，对于各省的长官，他往往设而不给，给而复夺。如尚书令为正二品，隋文帝以其位高权重，故虚其职，令左、右仆射（从二品）主持省事。隋炀帝时又虚尚书仆射之职，而让尚书丞主持省事，这都体现了隋王朝在整个职官改革中的指导思想。其他武官、地方官职官的改革，也是本着这一精神进行的。

隋代以三省六部制为基本特征的中央职官改革，适应了大一统的中央集权政治的实际需要，因而奠定了此后历代中央职官制度的基本框架，对唐宋明清的中央官制产生了深远的影响。

（二）兵制改革

府兵制度创始于西魏北周时期。起初，府兵是职业兵，不属州县管理，是兵农分离的。早期的府兵，不是六镇鲜卑，便是关陇豪右，后来地方豪强私家武装的乡兵也被纳入府兵系统，但直属于中央军府，所以直到隋文帝即位前，各地乡兵、义众、州郡兵、少数族兵比比皆是。这些士族地主私家武装的代表，是加强中央集权的直接障碍，因此，隋王朝建立后，隋文帝对兵制的改革即是为了消除地方割据可能产生的隐患和顺应北周以来已出现的"兵农合一"趋势。

开皇十年（590年）五月乙未，隋文帝颁诏改革府兵制。诏中说：

> 魏末丧乱，宇县瓜分，役车岁动，未遑休息。兵士军人，权置坊府，南征北伐，居处无定。家无完堵，地罕包桑，恒为流寓之人，竟无乡里之号。朕甚愍之。凡是军人，可悉属州县，垦田籍帐，一与民同。军府统领，宜依旧式。罢山东河南及北方缘边之地新置军府。①

这道诏令的要点在于使军人及其家属都隶属于州县，"垦田籍帐，一与民同"，一变过去兵民分治而为兵民合治，军人和普通农民一样，也可以按均田令分得土地。

---

① 《隋书》卷二《帝纪·高祖下》。

经过这个改革后，兵士及其家属被编为民户，有了固定的州县居处，可以从事农业生产。同时兵士本身仍旧保留军籍，属于军府统领。从此，府兵制度和均田制度紧密结合在一起，变成了兵农合一、寓兵于农的制度。

在府兵的管理体制上，隋沿"魏周十二大将军之遗制"①，设置十二卫，即左右翊卫、左右骁骑卫、左右武卫、左右屯卫、左右御卫、左右候卫，卫各置大将军，为府兵最高将领，总隶于皇帝。隋王朝的这一体制在继承前代遗制的基础上更趋严密。中央尚书省有兵部，下辖兵部、职方、驾部、库部四司。兵部掌管全国武官的选授和兵籍、军令、地图、军械等事。十二府如前所述各置大将军、将军、长史、司马、录事参军等官，分统中央禁卫军和地方兵。十二府统领二十四军，军设开府、仪同府，统领军坊、乡团等。

隋炀帝时，又改左、右府为左、右备身府，增加左、右监门府，共十六府。另又募民为骁果军，从属于左、右备身府。隋炀帝还改军府为鹰扬府，每府设鹰扬郎将、鹰扬副郎将（后改为鹰击郎将）各一人，还有司马及兵、仓二司（翊卫府又领亲、勋、武三侍）。每席又置越骑校尉二人，统骑士、步兵校尉二人，领步兵。京军和外军人数大体相同。十二府有领兵权，而无调动军队的权力；兵部掌管军令和军官的除授等，却不具体领军。二者互相配合，互相制约，军权完全操于皇帝手中，防止了权臣擅兵的弊端。

隋王朝在府兵制度上的这些改革，不仅使府兵制和均田制紧密结合，巩固了府兵制，加强了国家的武装力量，而且将军事统率权集中到中央政府来，提升了中央权力。

（三）开创科举制度

魏晋以来实行九品中正制度，做官要凭门第，仕途完全为门阀大族所把持。杨坚建立隋王朝后，出于加强中央集权和巩固新政权的需要，继承北朝末期已经出现

---

① 《通典》卷二十八《职官十·将军总叙》。

的"罢门资之制","周氏以降，选无清浊"①的改革举措，亦即不全凭门第，注重"才干"，大刀阔斧地对选官制度进行了改革。

开皇三年（583年），隋文帝颁诏削夺"操人主之威福、夺天朝之权势"的州郡中正的选举品第之权，使之成赋闲的"乡官"。开皇十五年（595年），隋文帝再下诏废除九品中正制度，实行州县地方官荐举人才的办法。至此，延续三百多年的九品中正制便寿终正寝了。开皇十八年（598年），隋文帝命"京官五品以上，总管、刺史，以志行修谨、清平干济二科举人"②，科举取士渐露端倪。至"炀帝始建进士科"③，《唐会要》记载说："炀帝嗣兴，又变前法，置进士等科。"④

进士科的设置，标志着对中国政治、文化历史有重大影响的科举制度的确立。科举就是分科取士的意思，以分科考试的制度取士，其中最重要的是进士科。隋朝的科举分为两种：一是特科，如开皇、大业年间按二科、十科、四科选举人才的科目，均是隋廷依照实际需求临时设置的特科，大约与后代的制科相似；一是常科，如秀才、明经、进士等科。隋朝的进士一科，对后代影响颇大，明清时期的科举制度即主要沿袭了进士科。

科举制度代替九品中正制度，这是选举制度上的重大变革。虽然隋代还只是创立阶段，制度还不够完善和正规，在国家选官制度中的重要性远没有后代那么大，但是科举制既然是改变过去门阀大族把持选举的弊端，将选举权力集中到中央政府，也就必然会削弱地方上士族的势力，使得某些贫寒子弟也可以通过读书应考，获得做官的机会。由此便打破了门阀大族垄断做官的局面，扩大了中央政权的权力基础。科举制度的建立，对于巩固中央集权起着很大的作用。科举制度是适应南北朝以来士族地主衰落、庶族地主兴起的趋势而出现的，这一制度登上历史舞台以后，又进一步削弱了士族地主的势力，有利于庶族地主势力的上升。

---

① 《隋书》卷五十六《卢恺传》。
② 《隋书》卷二《高祖本纪下》。
③ 《通典》卷十四《选举二》。
④ 《唐会要》卷七十六《制科举》。

（四）法制改革

在刑罚方面，隋王朝沿袭北魏、北齐的刑律。针对北周刑政苛酷的情况，也为了用法律手段加强中央集权，隋文帝杨坚曾先后三次改革和制定新律。第一次是在周静帝时 (579—581 年)，杨坚身为大丞相，总揽国家朝政，为了收买人心，乃"行宽大之典，删略旧律，作《刑书要制》。既成奏之，静帝下诏颁行"。第二次是杨坚称帝改元后，诏令高颎、郑译、杨素、常明、韩浚、李谔、柳雄亮等更定新律，其所制刑名有五：死、流、徒、杖、笞。新律废除了前代的鞭刑及枭首、轘裂之法。流、徒等罪也改从轻，"犯十恶及故杀人狱成者，虽会赦，犹除名"。新律还制定了照顾官僚贵族的"八议之科"，凡在八议之科及官品第七以上者犯罪，都减一等处分；第九品以上犯罪者，都可以用铜赎罪。这次制定的新律，削除了前代的许多苛残之法，审问囚犯，杖人不得超过二百杖。枷杖大小，也有规定。执行杖刑者不得中途换人。像这样"以轻代重，化死为生"的条文还有很多。为了保证新律的贯彻实施，尽量减少冤狱，隋文帝又规定"有枉屈县不理者，令以次经郡及州，至省仍不理，乃诣阙申诉。有所未惬，听挝登闻鼓，有司录状奏之"[①]，由主管部门报皇帝亲问。

开皇三年 (583 年)，隋文帝阅视刑部奏文，看到断狱的条文还有上万条，仍然偏重，于是敕令苏威、牛弘等第三次更定新律，除死罪八十一条、流罪一百五十四条、徒杖等千余条，定留五百条，共十二卷。从此刑纲简要，疏而不失，每次断大狱，都要先熟悉刑律的有关规定，依法确定罪名，然后审决。此后，隋文帝还经常根据实际情况修改刑律条文，继续减轻刑罚。与前代相比，隋文帝颁行的《开皇律》在量刑上不再有士庶之分，这标志着门阀士族所享有的法律上的特权已被废除。

隋炀帝即位后，于大业三年（607 年）颁布了《大业律》。《大业律》共十八篇，五百条，是在《开皇律》的基础上修成的。它的部分内容比《开皇律》有所改进。这一点，连对隋炀帝持严厉申斥态度的《隋书》作者也不否认。与《开皇律》相比，《大

---

① 《隋书》卷二十五《刑法志》。

业律》更体现了减轻刑罚的精神，它除去了十恶之条，死、流、徒、杖、笞五刑中改重就轻的条款多达二百多条。但是，简便宽大的隋律并未得到很好的实施，隋炀帝和他父亲杨坚一样常常法外用刑，立法又毁法，乃至恢复前朝各种酷刑，大大损害了新律的可信性和有效性。不过，隋律刑纲简要，对后世影响颇大，基本上为唐、宋至清各王朝所沿用，《唐律》就是沿袭《开皇律》《大业律》而来的。

（五）经济改革

南北朝时期，由于贵族官僚地主竞相兼并土地，加以战乱频仍，天灾人祸，迫使大批农民离开土地流亡四方。齐、周及陈亡时，都有部分贵族官僚的土地被没为官有。隋王朝建立后，掌握了大量的官荒地，继续实行北魏以来的均田制。在此基础上，改定赋役，与地方上的士族豪强争夺劳动人手，以扩大国家的编户数量，提高政府的财政税收。

隋代的经济改革主要是围绕以下两个方面展开的。

1. 均田制的推进与变革

隋文帝和炀帝统治时，曾数次颁布诏令均田。开皇初颁布的均田令，基本上继承了北齐的田制。《隋书·食货志》说：

> 制人五家为保，保有长。保五为闾，闾四为族，皆有正。畿外置里正，比闾正，党长比族正，以相检察焉。男女三岁已下为黄，十岁已下为小，十七已下为中，十八已上为丁。丁从课役，六十为老，乃免。自诸王已下，至于都督，皆给永业田，各有差。多者至一百顷，少者至四十亩。其丁男、中男永业露田，皆遵后齐之制。并课树以桑榆及枣。其园宅，率三口给一亩，奴婢则五口给一亩。丁男一床，租粟三石，桑土调以绢絁，麻土以布，绢絁以匹，加绵三两。布以端，加麻三斤。单丁及仆隶各半之。未受地者皆不课。有品爵及孝子顺孙义夫节妇，并免课役。京官又给职分田。一品者给田五顷，每品以五十亩为差，至五品，则为田三顷，六品二顷五十亩。其下每品以五十亩为差，至九品为一

顷。外官亦各有职分田。又给公廨田，以供公用。[①]

虽说这道均田令强调"遵后齐之制"，但在局部方面也进行了若干的调整和改革，即增加了官员受永业田和职分田的规定与设立作为官吏办公费用的公廨田。府兵制改革后，"凡是军人，可悉属州县，垦田籍帐，一与民同。军府统领，宜依旧式"。根据这道开皇十年（590年）发布的诏令，兵士可与均田农民一样，附籍州县，授受土地。

总之，在均田制之下，官僚贵族得到比农民多得多的土地，而农民所得土地有限。均田制并不触动地主阶级已占有的土地，不能解决农民的土地问题。但是均田制的施行在当时曾经起过积极的作用，特别是隋代对均田制的改革适应了社会发展的需要，隋朝的经济一度繁荣，均田制的施行是一个重要的原因。改革后的均田制的许多内容，都被唐代统治者吸收和继承了下来，对后世产生了深远的影响。

2. 对赋税制度和户籍的整顿

隋初，北方地区承西魏、周、齐旧制，赋重役勤，造成"人不堪命，多依豪室"的局面。隋文帝为巩固统治地位，在继续推行均田制的基础上，对赋役和户籍进行改革，废除正税之外的一切苛捐杂税，减轻租调和力役。按规定：凡民十八岁以上为丁，要负担租调力役；六十岁为老，免除租调力役。租调一般以床（一夫一妇）为单位计算。丁男一床，纳租粟三石。调视桑田和麻田而有所不同，桑田缴纳绢布一匹和绵三两，麻田调布一端和麻三斤。单丁及奴婢则纳一半租调。力役方面，隋初沿袭北周的办法，每年服役一个月；开皇三年（583年）改为二十一岁起服役二十天；开皇十年（590年）改为五十岁免役收庸（用布帛代替力役），调绢一匹也减为二丈，每年服役日期由一月减为二十天。除此之外，隋炀帝还于大业元年（605年），进一步除妇人及奴婢部曲之课。又规定，男子以二十二岁为成丁，服役年限又缩短一年。

---

① 《隋书》卷二十四《食货志》。

隋代对赋役制度的一系列改革，反映了劳动者人身依附关系的削弱和社会地位的日益提高。与前代相比，农民的负担相对有所减轻，农民从事生产的时间较多些，收入也有所增加，这有利于提高农民的生产积极性，促进农业生产的发展。

南北朝以来，户口隐漏情况十分严重。隋初，户口不实的现象就很突出。许多人为了逃避国家赋税，纷纷依附士族豪强，严重影响国家的收入，国家政权的力量遭到削弱。因此，隋朝建立后，就严查户口，首先整顿人户编制。开皇五年（585年），隋文帝令各州县"大索貌阅"。所谓"大索"，主要是针对关东豪强士族荫户问题而采取的措施，目的是把大量户口从豪门士族那里搜括出来，纳入国家户籍。"貌阅"是鉴于关东地区严重逃避赋役的现象而采取的另一项阅实户口的措施。实行貌阅时，政府严格按户籍上登记的年龄、相貌与本人核对，使奸伪无所隐藏，浮客游户由此纳入国家编户。这次检括户口的结果，"计帐进四十四万三千丁，新附一百六十四万一千五百口"[①]。此外，对于依附豪强的农民，隋文帝则采用大臣高颎的建议，颁行"输籍之法"，即将民众所输租税，依每家资财情况定出缴纳标准，从轻定额，写成"定簿"。每年正月初五，县令派人出查，令百姓五党或三党共为一团，根据标准定户等的上下。这一法令公布后，过去依附豪强的农民，觉得做政府的编户比做豪强的属民所受的剥削为轻，于是都纷纷向地方政府报出自己的户口，向政府纳税服役。

通过大索貌阅和输籍定簿，隋王朝政府掌握的纳税户口大为增加。这样既加强了政府的经济力量，府兵兵源也得到扩大，同时也打击和削弱了世家大族，有利于加强中央集权。隋代的富实著称于史，这既归功于劳动人民的辛勤劳动，也归功于隋朝政府的经济改革。

此外，隋文帝还对南北朝以来紊乱的钱币制度作了调整和厘定。隋王朝建立后，铸行新五铢钱以代替币质低劣的常平钱、五行大布、永通万国等钱。开皇三年（583年），"诏四面诸关，各付百钱为样。从关外来，勘样相似，然后得过。样不同者，

---

① 《隋书》卷二十四《食货志》。

即坏以为铜，入官"。开皇五年（585年），"诏又严其制。自是钱货始一，所在流布，百姓便之"①。从此，钱币统一起来了。在统一钱币的同时，也统一度量衡。开皇时，规定以古尺一尺二寸为一尺，以古斗三升为一升，以古秤三斤为一斤。货币与度量衡的统一，为工商业的发展提供了条件，也对巩固新生的统一政权和发展经济有积极的推动作用。②

综上可见，隋王朝重建大一统的努力为唐朝走向统一与强盛奠定了基础。正是在隋果唐收的基础上，唐王朝走向了中华传统文明的巅峰。

二、李渊建唐与武德政治

（一）李渊建唐

隋朝末年，天下大乱，群雄逐鹿，隋炀帝避居江都，李密称雄中原。大业十三年（617年）注定是一个多事之秋，在各地农民起义风起云涌之际，地主豪强官僚贵族也纷纷起兵。贵族官僚起兵目的性十分明确，就是要争夺帝位，而其中最引人注目的就是李渊的太原起兵。

李渊出身关陇勋贵，祖父李虎为西魏八柱国之一，是隋王朝最显赫的贵族之一。李渊的父亲李昞在北周历官州刺史和总管，"为政简静，甚获当时之誉"③，虽无赫赫战功，但袭父爵身份显贵。李渊生于周武帝天和元年（566年），七岁袭祖爵为唐国公，年长后"倜傥豁达，任性真率，宽仁容众"。入隋后补千牛备身，累迁谯、陇、岐三州刺史，官虽不显，但隋文帝后独孤伽罗乃李渊的亲姨妈，皇后对他"特见亲爱"④。李渊是隋炀帝的亲表哥，比隋炀帝年长两岁。另外，李渊之妻窦氏还是北周武帝宇文邕的外甥女，岳母是北周武帝之姐襄阳长公主，乃宇文泰之女。据说，周武

---

① 《隋书》卷二十四《食货志》。

② 参见漆侠主编：《中国改革史》，河北教育出版社1997年版，第196—207页。

③ 《册府元龟》卷一《帝王部·帝系》。

④ 《旧唐书·高祖纪》。

帝对窦氏"特爱重之，养于宫中"①。看来，李渊家族自北周至隋朝都处在皇亲国戚的地位。

隋炀帝即帝位后，改任大表兄李渊为荥阳、楼烦郡太守，后征入殿内少监。大业九年（613年）迁官卫尉少卿。征讨高句丽之役，隋炀帝让李渊在怀远镇（今辽宁新民南）督运粮草。杨玄感发动叛乱，隋炀帝又诏李渊驰驿西镇弘化郡（治今甘肃庆阳县），兼知关右诸军事。李渊以"隋室之近亲"，开始执掌兵马。

时天下已乱，各地农民起义蜂起，"李氏当为天子"的谶言四处流行，隋炀帝"多所猜忌"，借故处死亲外甥女婿李敏，将隋立国第一功臣李穆的后人满门抄斩，使"人怀疑惧"。对于手握重兵的大表兄李渊，炀帝亦不能不有戒心，于是即诏征李渊诣行在所，李渊心惊肉跳不敢即往，借口遇疾未谒，其外甥女王氏时在后宫，隋炀帝问："汝舅何迟？"王氏以疾对，炀帝竟问死得了死不了，李渊"闻之益惧，因纵酒沉湎，纳贿以混其迹焉"②。为苟全性命于乱世，像李渊这样的皇亲国戚也不得不韬光养晦。

然而，李渊假装昏庸，实际上却深谋远虑，"有四方之志"。据考，早在隋炀帝举兵攻高句丽，隋末农民起义爆发的初期，李渊就有取隋而代之的打算。当李渊为殿内少监，宇文述之子宇文士及为奉御时，二人即"深自结托"，后武德二年（619年）宇文士及投唐，李渊对裴寂说："此人与我言天下事，至今已六七年，公辈皆在其后。"大约在大业十年（614年）杨玄感造反时，李渊和隋炀帝的女婿宇文士及就曾"在涿郡，尝夜中密论时事"③，密谋推翻隋炀帝。这也说明当时许多达官贵族都萌生了除暴去恶的念头。但老谋深算的李渊认为时机尚不成熟，故隐忍未发。杨玄感贸然举兵，果然很快就招致灭门之灾。

大业十一年（615年）隋炀帝北巡汾阳宫，命表哥李渊往山西、河东黜陟讨捕。

①《旧唐书·高祖太穆皇后窦氏传》。
②《旧唐书·高祖纪》。
③《旧唐书·宇文士及传》。

因进剿农民起义有功并在突厥围雁门时领兵勤王，隋炀帝暂时消除了对李渊的猜疑。至大业十二年（616年），李渊得迁官右骁卫将军。隋炀帝离开东都巡幸江都之时，又任命李渊为太原留守。并州既是天下精兵所居之处，又地处抗拒突厥的前线，境内农民起义正四处蔓延，对李渊的任命可谓是隋炀帝的信任，这对早就心怀异志的李渊来讲，真是千载难逢的绝好机会。然而隋炀帝猜忌深重，在命李渊留守太原的同时，又任郡丞王威、武车郎将高君雅为副，监视李渊。王威在大业六年（610年）曾接替薛世雄戍守伊吾（今新疆哈密东北），是一员虎将。在太原，李渊一面"北备边朔"，一面审时度势，积极网罗人才，开始密谋反隋。

在时机成熟的情况下，大业十三年（617年）七月，李渊率军三万，由太原向长安挺进，十一月，攻克长安，立十三岁的代王侑为恭帝，遥尊隋炀帝为太上皇，自己则是假黄钺、使持节、大都督内外诸军事、尚书令、大丞相，并下令所有军国事务，无论大小，都归相府管辖。李渊于是成了真正的一国之主。大业十四年（618年）三月，隋炀帝在江都被杀。隋炀帝一死，名义上的正朔已不复存在，各地地方势力或自行称王称帝，或依附某一"帝王"。东方有窦建德、李密、王世充、杜伏威以及刚刚杀隋炀帝准备率兵北上的宇文化及等力量；南方有萧铣、陈棱、沈法兴等势力；西北有梁师都、刘武周、薛举、李轨等武装；关中则有自太原南下的李渊大军。各方势力跃跃欲试，谁都想逐鹿中原，问鼎天下。五月，李渊在长安称帝，建国号唐，年号武德，李唐政权建立。

（二）武德时期的政治

唐朝始建，李渊就采取了三大建国方略：一是内修政治，巩固关中；二是北和突厥，争取北部边境地区的安靖；三是先西后东，逐步消灭各地割据政权，实现国家统一。

1. 内修政治，巩固关中

建唐当月，李渊就任命了以其次子尚书令李世民为首的新的朝廷大员，包括功臣、戚属、能臣。太原元从功臣裴寂为尚书右仆射、知政事，刘文静为纳言，窦威为内史令，李纲为礼部尚书，隋民部尚书萧瑀为内史令，隋礼部尚书窦琎为户部尚书。又任命其侄李瑗为刑部侍郎，妻弟独孤怀恩为工部尚书。另外，又设置了国子学、太学与四门学生徒，计三百余人；郡县之学也开始设置生徒，为达官贵人之后及士子们的入仕开通道路，这是唐初李渊政权建设的重要一环。

在建立中央政府班底的同时，李渊又命裴寂、刘文静主持改定律令。隋炀帝时代，律令繁苛酷暴，李渊先宣布废大业律令，用开皇旧律；至武德七年（624年），新律令修成后，又颁行新律。新律不仅轻于隋炀帝《大业律》，而且较之隋文帝的《开皇律》也有许多进步。

李渊建唐之后，最重要的内政措施是在赋役方面的规范与减轻。

鉴于隋炀帝时代横征暴敛，征求无度，民怨沸腾，武德二年（619年），李渊就颁布了租庸调法，规定每个男丁缴纳租二石、绢二匹、绵三两，自此以外，不得再有征收。武德六年（623年），又特别下了《简徭役诏》和《禁止迎送营造差科诏》两道诏令，规定各地州县"非有别敕，不得辄差科徭役"，亦不得征发百姓从事"道路送迎，廨宇营筑"[①]等差科。至武德七年（624年），又颁布了系统的均田令与赋役令，全面规范农民对土地的占有与使用政策。这些措施对恢复生产、与民休息、重建社会秩序等都是十分有利的。

2. 北和突厥，争取北部边境地区的安靖

隋末大乱时，东突厥复盛。

当时的突厥，东自契丹、室韦，西至吐谷浑、高昌，横跨东北与西北，有百余万甲士。李渊对这支力量继续采取结好、联合的方针。"始毕可汗咄吉者，启民可汗子也。隋大业中嗣位。值天下大乱，中国人奔之者众。其族强盛，东自契丹、室韦，西尽吐谷浑、高昌诸国，皆臣属焉。控弦百余万。北狄之盛，未之有也。高视阴山，有轻中夏之志。"李渊太原起兵时，遣"刘文静聘于始毕，引以为援，始毕遣其特勒康稍利等，献马千匹，会于绛郡，又遣二千骑助军"。唐既借其兵力，亦向突厥称

———————

① 《唐大诏令集》卷一一一《简徭役诏》《禁止迎送营造差科诏》。

臣。"高祖即位，前后赏赐，不可胜纪。始毕自恃其功，益骄踞，每遣使者至长安，颇多横恣。高祖以中原未定，每优容之。"[1] 李渊即位后，始毕可汗派骨咄禄特勒前来祝贺。"特勒"是突厥官宦子弟的称谓。这样一位使节光临，李渊不敢怠慢，亲自在太极殿设宴款待，为其奏九部乐。

3. 先西后东，消灭各地割据势力

李渊建唐之后的当务之急，是消灭各地割据势力，实现国家统一。

第一，消灭薛举、薛仁杲势力。

稳定了与突厥的关系之后，李渊先把兵锋指向西北。因为西北各势力相对弱小，易于攻取，而且他们往往与突厥连结，近邻长安，实为肘腋之患。

对西北用兵的第一个目标是据有陇右的薛举。薛举大约在大业十三年（617年）七月，也就在李渊起兵后不久，即自称秦帝，定都天水，有二十万之众，是西北势力最强的一支力量。唐对薛举的用兵也是几经周折。李渊刚刚即位，薛举就进攻唐之泾州，李渊以秦王李世民为元帅，率八总管应战。武德元年（618年）七月，唐军首战不利，退回长安。薛举秣马厉兵，准备乘胜直取长安，不巧的是，是年八月，薛举患病身亡，其子薛仁杲被拥立为帝，进取长安的计划被暂时搁置。李渊则利用这一机会，派使者到凉州李轨处，封其为凉王，拜凉州总管，约定与其东西夹击，共灭薛仁杲。但李世民率兵西进之后，李轨并不配合，而且还在年底自立为帝，建国号凉。李世民与薛仁杲于百里细川交战，再次失利，后因薛氏内争，方一举攻克。

对凉州李轨的平定则较为顺利。李渊派在朝中任职的凉州人安兴贵返回策反。安兴贵之弟安修仁是李轨大将、当地豪族，兄弟二人在武德二年五月发动兵变，擒李轨送至长安斩首，河西地区遂为唐所有。

第二，消灭刘武周势力。

就在李渊致力于陇右、河西之际，被突厥封为定杨可汗的刘武周大举南下，并攻克太原。然后又沿汾水南下，直接威胁关中。李渊命李世民为帅，集中关中精锐

---

[1] 《旧唐书·突厥传上》。

迎战。双方相持两月有余，至武德三年（620年）初，刘武周粮尽北退，李世民乘胜追击，一日八战，大破刘武周主力宋金刚部，收复了太原及并州的大部分地区。刘武周、宋金刚逃入突厥，先后被杀。

第三，消灭窦建德、王世充、刘黑闼等东方割据势力。

安定了内部、平定了西北割据势力之后，新建的唐王朝准备着手向东方的用兵。经过两年多的动荡与纷争，东方各大势力互相攻伐，强弱消长，但一直没有形成一支可以左右局势的力量，这为唐军各个击破提供了便利的条件。

王世充一战击溃李密瓦岗军后，也兼并了李密不少的人马和土地，力量陡然间膨胀起来。他先是奉越王杨侗为帝，史称皇泰主，随后便在洛阳上演了一幕禅位让贤的闹剧，国号为郑。

占据河北的窦建德见群雄纷纷称帝，也自立为长乐王，建国号为夏。

其时，割据一方、建号称帝的人很多，如萧铣、刘武周、梁师都、薛举、李轨等，但都不具备逐鹿天下的实力，真正有实力和李唐争夺天下的只有王世充和窦建德两大军事集团。

唐高祖武德三年（620年）六月，李世民率唐军主力进攻王世充，王世充则收缩兵力，死守洛阳四城。李世民率兵昼夜急攻，半个多月也未能攻克，唐军损失惨重。李世民的部将劝他放弃攻城，李渊也下诏令李世民班师回长安。李世民却认为大敌当前，困难虽多，也不是不可战胜，而攻克洛阳、消灭王世充是件一劳永逸的事，于是下令："洛阳未破，师必不还，敢言班师者斩。"并改强攻为长期围困，决心要困死王世充。

王世充粮食储备原本不多，加之将士、居民人数又多，不久便粮食耗尽，连草根树皮都吃光了，屡次出战又遭败绩，陷入战既不能、守亦难久的绝境，无奈之下只得向宿敌窦建德求援。窦建德十分清楚，此时群雄虽多，但有实力的只有长安李渊、洛阳王世充和自己三人而已，恰成三足鼎立之势。如果王世充被李世民消灭，力量的均衡便会被打破，李世民吞并了王世充的郑国后，实力大增，下一个目标自然就是要吞并自己了，于是权衡之下，他便率领自己的全部精锐部队赶来救援王世充。

　　窦建德倾力来援，令唐军上下大感惊恐。王世充所部都是黄河、淮河间的精锐战士，实力并不弱，只是缺粮，又处于不利的境地，才处处受敌；而窦建德所率的更是河北百战之兵，又刚刚大破孟海公，士气高昂，更是不容小觑。两股劲敌合兵一处，唐军便陷入腹背受敌的绝境，所以有不少部将建议退军，放弃进攻洛阳，静观其变。李世民却认为王世充受困日久，屡遭败绩，已无能为力，洛阳城指日可下；窦建德的夏军将骄卒惰，不难击破。便中分麾下之军，令名将屈突通辅佐齐王李元吉围困洛阳，自己率精锐三千五百人抢先占据虎牢关，扼住夏军的进路。

　　这是李唐政权建立以来最关键的一战，胜则江山既定，一劳永逸；败则继续与王世充、窦建德鼎足而三，统一天下怕是要遥遥无期了。关键时刻李世民显示出天才军事家的超凡谋略，以少击多，以弱击强，虎牢关外一战全歼夏军，窦建德落马被擒，送到长安后被处死。王世充见外援已绝，心胆俱丧，出城投降。李渊虽痛恨王世充的为人，原要处死他，只因李世民亲口许诺保他不死，王世充才得以活命。

　　数月之后，窦建德旧部刘黑闼再度起兵，一度声势浩大。李渊先后派李世民、李建成两度进兵，至武德六年（623年）初，方完全平定。这样，潼关以东、黄河南北基本都归于唐王朝治下，唐初的统一战争取得了决定性的胜利。

　　第四，消灭南方割据势力。

　　平定了窦建德、王世充后，唐王朝立即兵锋南指。武德四年（621年）十月，进围江陵，萧铣出降；不久，又平定了自称楚帝、占有九江至番禺（今广东省广州市东南）广袤地区的林士弘。

　　在这期间，江淮一带的形势发生了重要变化。据有海陵（今江苏泰州）的李子通攻下陈棱的江都，自立为帝，国号吴。接着，李子通又渡江南下，攻灭了沈法兴。杜伏威附唐后，即向李子通用兵，武德四年（621年）十一月，将李子通擒送长安，江淮、东南尽归于杜伏威。次年七月，杜伏威入朝，被留在长安，不久，病卒。唐王朝轻而易举地获得了这一地区的统治权。

武德六年（623年）八月，杜伏威部将辅公祏据丹阳起兵，自立为帝，国号宋，第二年，兵败被杀。这样，唐王朝的统一进程基本完成，隋末混乱割裂的疆域重归统一。

从晋阳起兵到一统天下，高祖李渊运筹帷幄，成就一代帝业。武德年间的统一战争以及政治、经济、社会安定等方面的种种举措，为贞观之治奠定了良好的基础。

三、玄武门之变与李世民即位

唐代的党争，也就是统治集团的内部矛盾和斗争，一般只讲中晚唐，只讲所谓"牛李党争"，早一点也只是从唐高宗、武则天时讲起。其实作为高层统治集团，其内部矛盾和斗争是一直存在的。武德时李渊、世民、建成、元吉父子兄弟之间的斗争，即是最高统治集团内部的派系之争。

唐高祖李渊共有四子，三子元霸早亡，至统一全国时，便只有长子建成、次子世民、四子元吉成年。太原起兵后，建成与世民在李渊左右，分率大军南下，而后又东征西战，战功不凡。李渊称帝，李建成被立为太子，此后对东方的平定多是李世民带李元吉疆场征讨的功绩。不过，天下刚刚归于一统，三位皇子间的储位之争就趋于白热化。太子建成与齐王元吉为一方，秦王世民为一方，双方之间的斗争可以说是水火不容，你死我活，其激烈程度，远过于刚刚过去的隋王朝杨广与杨勇之争，最后，终于酿成了"玄武门之变"，建成与元吉被世民所杀，李渊退位，李世民登基，唐初统治者的这场权力斗争才暂时告一段落。

对于李世民来说，平瓦岗，收东都，将窦建德、王世充擒至长安，可以说是他自太原起兵以来最辉煌的时刻。

鉴于李世民功勋卓著，以往的官职都无法酬其劳，唐高祖李渊特地创设了"天策上将"一职，位在所有王公之上。武德四年（621年）十月，任命李世民为天策上将兼领司徒、陕东道大行台、尚书令。陕东道大行台负责整个关东地区的军政事务，该大行台自尚书令到各省、台官员的品级完全等同于中央政府，这样，李世民实际上拥有了关东地区的全部权力，俨然成为第二个朝廷。到此时，李世民掌握着唐王朝的主力军马，麾下有尉迟敬德、程知节、秦叔宝等一批骁将；更引人注目的是，此时的李世民已不只是一个天策上将军，他还罗致了一批文臣谋士，更使他的天策府与秦王府熠熠生辉，构筑起一个真正的朝中之朝。他专门设立了文学馆，招揽四方文士，其秦王府有府属杜如晦，记室房玄龄、虞世南，文学褚亮、姚思廉，主簿李玄道，参军蔡允恭、薛元敬、颜相时，咨议典签苏勖等；天策府有从事中郎于志宁，军咨祭酒苏世长，记室薛收，仓曹李守素，国子助教陆德明、孔颖达，信都盖文达，宋州总管府户曹许敬宗等。他们均以本官兼文学馆学士，号谓"十八学士"，可谓尽一时之选。这样，在李世民周围逐渐形成了一个强有力的政治军事集团。①

针对秦府势力的扩张，李渊和李建成、李元吉均采取了诸多对策。

李渊身为李唐王朝的建立者，当然懂得权力平衡的重要性。当武德初年刘文静和李世民相邀结，与李渊的第一号亲信裴寂闹对立时，李渊就坚决除掉刘文静，以维护其尊严。但自己的儿子终究比外人可靠，因此仍旧沿袭传统习惯，让李世民担负经营山东的重任，同时叫李元吉当李世民的助手，这也多少包含着牵制李世民的意味。无奈李世民的雄心绝非杀个刘文静就能抑制的，区区李元吉更不在话下，他公然把本来应该归公的平定山东胜利果实占为己有，不仅把收得的精兵良将作为秦府的私甲，把山东的文士谋臣作为自己的智囊顾问，而且凭"于管内得专处分"的特权，和李渊的诏敕相对抗。这就使李渊认识到问题的严重性，对裴寂等亲信说："此儿典兵既久，在外专制，为读书汉所教，非复我昔日子也。""自是于太宗恩礼渐薄"，"建成、元吉转蒙恩宠"②。

看到李世民实力强大，李建成、李元吉也在李渊支持下联手抵抗。

李渊太原起兵后一直让建成、世民共同充当统帅，直到正式称帝为止。在政

---

① 参见齐涛主编，马新、齐涛著：《中国政治通史》5，《繁盛中转型的隋唐五代政治》，泰山出版社2003年版，第110页。

② 《旧唐书·建成传》。

事上，建成当了太子后"高祖忧其不娴政术，每令习政事，自非军国大事，悉委决之"①。

李世民以平定山东而威权日盛，当然使身为太子的李建成感受到压迫，而李元吉也有自己的打算，不甘屈居李世民之下，于是二人联合起来共同对付李世民。

1. 削弱李世民的兵权

据《旧唐书·高祖纪》记载，武德五年（622年）八月"突厥颉利寇雁门"，"遣皇太子及秦王讨击，大败之"。十月"遣齐王元吉击刘黑闼于洺州"。十一月"命皇太子率兵讨刘黑闼"。十二月"皇太子破刘黑闼于魏州，斩之，山东平"。六年七月"突厥颉利寇朔州，遣皇太子及秦王屯并州以备之"。八年六月"突厥寇定州，命皇太子往幽州，秦王往并州，以备突厥"。九年"突厥犯边，诏元吉率师拒之"，因玄武门之变而告吹。可见到武德后期，李世民已不再是大战役的最高统帅，这个重要位置已逐步为建成、元吉取代。

2. 打击与瓦解李世民的集团势力

李建成用金帛招诱尉迟敬德、段志玄、李安远等秦府将领，不成就加以排陷，曾下尉迟敬德于诏狱，要出程知节为康州刺史，连房玄龄、杜如晦这两个大谋士都被斥逐出秦府。武德九年（626年）玄武门之变前夕，还借李元吉率师拒突厥的机会，"令秦府骁将秦叔宝、尉迟敬德、程知节、段志玄等并与同行，又追秦府兵帐，简阅骁勇，将夺太宗兵以益其府"，企图把李世民弄到彻底无拳无勇的地步。

3. 扩充东宫、齐王府的实力

世民有以杜如晦、房玄龄为首的谋士和秦府文学馆十八学士，建成有洗马魏徵、中允王珪、左卫率韦挺等"尽心所事"的东宫官属，元吉也有王孝逸、张胤等齐王府文学。世民有秦府私甲，建成则"私召四方骁勇，并募长安恶少年二千余人，畜为官甲，分屯（东宫）左、右长林门，号为长林兵"，元吉也和建成同样"募壮士，多匿罪人"。世民有尉迟敬德、秦叔宝、程知节、段志玄等骁将，建成有薛万彻、冯立，

---

① 《旧唐书·建成传》。

元吉有谢叔方等战将。世民的外援有在洛阳的张亮、幽州的王君廓，而幽州大都督庐江王李瑗以及在河北地区的前宫千牛李志安、齐王护军李思行等则是建成、元吉的外援。在外边哪方面强固很难说，在京城里则建成、元吉的实力已经超过了李世民，这在玄武门之变中表现得很明显。

建成、元吉这么做，显然是得到李渊同意和支持的。其中如取代李世民出任统帅，斥逐房玄龄、杜如晦，让秦府精锐转属元吉，等等，更非出之诏敕不可，很可能有些本来就是李渊的主意。但李世民毕竟也是亲儿子，处理起来多少要顾及父子之情，不能像解决其他政治案件那样果断、那样干脆利落。例如武德七年（624年）曾发生庆州都督杨文干叛乱事件，此人"尝宿卫东宫，建成与之亲厚"，有人上书诬告"太子使文干举兵，欲表里相应"，这大概出于李世民一伙的指使，但李渊没有彻底追究，而是以兄弟不能相容，归罪于（太子）中允王珪、（太子）左卫率韦挺及（秦王）天策兵曹杜淹等，并流之巂州，用各打五十大板的方式把建成和世民双方的部属各处理几个了事。因此两年后李世民和建成、元吉的矛盾进一步尖锐，到水火不相容时，李渊仍不想作出果断措施，而准备召集这三个儿子，由他和重臣大僚裴寂、萧瑀、陈叔达、封伦、宇文士及、窦诞、颜师古等来公断曲直。没有预料到李世民会发动玄武门军事政变，来个突然袭击。结果不仅建成、元吉当场被袭杀，而且李渊被迫立李世民为皇太子，"庶政皆决断"，两个月后更被迫内禅，成为毫无权力、真正"孤家寡人"式的太上皇，当了九年高等政治囚犯而死去，比隋文帝之见杀于杨广略胜一筹罢了。[①]

总的说来，玄武门之变虽然带有某种偶然性，但却反映出武德后期李渊的决策问题。众所周知，李渊称帝后，在百废待举、万事草创的困境中，他尚能拨乱反正，承袭隋朝典章制度，制定"与民休息"的经济政策，重新颁布均田制与租庸调法，努力恢复农业生产。同时，依靠李世民次第削平各地割据势力，完成统一大业。武德前期，他尚能以亡隋为戒，虚心求谏。正如他自己所说："隋为无道，主骄于上，臣

---

① 参见黄永年著：《唐史十二讲》，中华书局 2015 年版，第 15—18 页。

诣于下，上下蔽蒙，至身死匹夫手，宁不痛哉！我今不然，平乱责武臣，守成责儒臣，程能付事，以佐不逮，虚心尽下，冀闻嘉言。"[①] 但是李渊晚年生活上贪图享乐，政治上暮气沉沉，已经丧失了当年的锐气。特别严重的是，李渊没有妥善地解决武德后期的主要矛盾，即皇位的争夺问题。他明明知道世民有"削平海内"之功，能力超过建成，绝不会居于建成之下，但还是站在嫡长制的传统立场上，认为"建成年长，为嗣日久，吾不忍夺也"。他妄图使太子、秦王和齐王各谋其位，相安无事，其结果反而加剧了儿子们之间的互相争斗。直到发生事变那一天，他才惊恐地说："不图今日乃见此事。"[②] 这恰恰反映了李渊晚年的昏庸与失察，诚如萧瑀和陈叔达所批评的那样："当断不断，反受其乱。"[③] 不过，李渊还算是有自知之明的。玄武门之变后，李世民既已执政，李渊很快就把皇位让给他，自己则退出了政治舞台。这个决策是果断的，也是积极的，尽管其中有被迫的成分。此后至贞观九年（635年）五月逝世，李渊也没有干预政治，没有造成新的纠葛。这样做也是十分明智的。

---

① 《新唐书·孙伏伽传》。
② 《资治通鉴》卷一九一。
③ 《旧唐书·建成传》。

第二章　李世民与贞观之治

贞观年间(627—649 年)是唐太宗政治调整与政治改良时期，其可称道之处，主要是李世民的为君之道、为政之道。无论是对各种政治力量的协调与稳定，君臣关系的处理，还是对待中央与地方管理体制的变动，李世民都处理得得心应手，若烹小鲜。贞观年间，社会经济进一步恢复与发展。唐代史学家杜佑在《通典》卷七中描绘说："自贞观以后，太宗励精为理。至八年、九年，频至丰稔，米斗四五钱，马牛布野，外户动辄数月不闭。至十五年，米每斗值两钱。"贞观之治为开元盛世奠定了坚实的基础。

一、大政治家李世民

唐太宗李世民是继汉武帝之后中国历史上又一位杰出的政治家，他的某些政治理念与作为超过了前人，足可为中华政治作万世师表。他统治时期，政绩可圈可点，"政化良足可观，振古而来，未之有也"[1]。

（一）正确处理君民关系的典范

唐朝初年，如何处理好君民关系以实现李唐王朝的长治久安？这是统治者必须解答而且必须回答好的政治课题。

唐太宗以史为鉴，明智地认为："君依于国，国依于民。"[2]君主的地位系于国之存亡，国家的盛衰系于民众之苦乐。他从四个角度论证了民本论及贯彻重民政策的重要性：

第一，立君为民。

中国古代政治典籍《尚书》中就有天佑下民而作君师说。立君为民，君为民主，这个思想一直是公认的"设君之道"。荀子说："君者，民之原也；原清则流清，原浊则流浊。故有社稷者而不能爱民、不能利民，而求民之亲爱己，不可得也。"[3]唐太宗认同这种说法，认为"天之助民，乃是常道"[4]。天立君的目的是让他作民之主，为民之父母，因此爱民养民是为君之第一要义。唐太宗赞同"以一人治天下，不以天下奉一人"[5]的观点。这种思想在充分肯定天下应由君主一人主宰的前提下，承认君主必须为天下众生谋福利，必须以安定民生为政治大本，而不能利用权势地位谋取个

---

① 《贞观政要·序》。
② 《资治通鉴》卷一九二。
③ 《荀子·君道》。
④ 《尚书正义·大诰疏》。
⑤ 《贞观政要·论刑法》。

人利益，更不能横征暴敛，剥夺民众财富，安享天下的供奉。君主"不恤民事"属失道之举，严重者将丧失为君的条件。天下为公、立君为民的"设君之道"，既是中国传统民本论的重要命题之一，又是论证有关君主规范的重要依据。

第二，民养君。

《论语》中即有富民足君之说。其实这种思想有更为古老的渊源。"百姓足，君孰与不足？"① 这是隋唐帝王论及重民政策时常引用的一句话。唐太宗深知"日所衣食，皆取诸民者也"②，民众是赋役之源，国家财政依赖民众，所以"为君之道，必须先存百姓，若损百姓以奉其身，犹割股以啖腹，腹饱而身毙"③。承认民养君这一客观事实，循着君主与国家、国家与财政、财政与社会生产、社会生产与民众的关系链，推及民众在君主政治中的基础作用，这是传统治国论中民本思想的基石。

第三，民择君。

唐太宗说，"天子者，有道则人推而为主，无道则人弃而不用，诚可畏也"。④ 荀子说："庶人安政，然后君子安位。传曰：'君者，舟也；庶人者，水也。水则载舟，水则覆舟，此之谓也。'"⑤ 这是国人自先秦以来形成的共识。唐太宗认为，民众是一支令人敬畏的政治力量。得民心者得天下，失民心者失天下。他把帝王君临天下比作以腐朽的缰索驭使六驾马车，随时会索绝马逸，车毁人亡，怎不叫人心惊胆战。君主治民必须敬之畏之，谨之慎之，如临深渊，如履薄冰。在中国古代社会，民众暴动、弃君择君是王权再造机制中最重要的主观因素，是促进王朝更替和君主政治自我改造的主要动因。历史一再重现的民众载舟覆舟的经验教训，使得唐太宗深刻地认识到："但有黎庶怨叛，聚为盗贼，其国无不即灭。人主虽欲改悔，未有重能安

① 《论语·颜渊》。
② 《资治通鉴》卷一九二。
③ 《贞观政要·论君道》。
④ 《贞观政要·论政体》。
⑤ 《荀子·王制》。

全者。"① 治理民众问题事关国家兴亡、君主安危，所以是政治之本。这一认识是促使历代统治者认同民本论的主要原因。

第四，民归于君。

自先秦以来，君民一体就是民本论的主要论点之一。君有赖于民，而民归于君，二者之间既存在着明显的等级差别和矛盾，又有着和谐统一的必要性与可能性。唐太宗认为，"无不可理之民者"，② 治乱兴亡之机把握在君主手里。他根据自己在隋唐兴替之际的亲身体验，发现即使在天下动荡的时期，民众之中"欲背主为乱者"也极少，谋夺天下者更少。尽管天下大乱，民众仍然"思归有道"，可见导致动乱的主要原因是"人君不能安之"③。民众最终要归顺于某个君主，谁实行王道仁政，谁就可以赢得民心，所谓"林深则鸟栖，水广则鱼游，仁义积则物自归之"。④ 唐太宗还从历史的教训和亲身的体验中领悟到这样一个重要经验："得民心者得天下"，"王者之兴，必乘衰乱"⑤，"天下嗷嗷，新主之资"⑥。当此之际，谁实行重民政策，谁就能夺取帝位，进而巩固政权。

（二）治国要略上的典范

唐太宗深知，民是"治乱之本源"，君如舟，民如水，民载舟还是覆舟，取决于君主的政治举措是否得当。"民可亲近，不可卑贱轻下，令其失分则人怀怨，则事上之心不固矣。民惟邦国之本，本固则邦宁，言在上不可使人怨也。"⑦ 因此，他不仅确定了"理天下者，以人为本"⑧ 的政治方略，还提出了系统的重民政策原则。主要有

---

① 《贞观政要·论奢纵》。
② 《全唐文》卷 140《理狱听谏疏》。
③ 《旧唐书·张玄素传》。
④ 《贞观政要·论仁义》。
⑤ 《新唐书·房玄龄传》。
⑥ 《长短经·居德》。
⑦ 《尚书正义·五子之歌疏》。
⑧ 《贞观政要·论择官》。

以下几点：

第一，君主无为。

唐太宗主张"为政之本，贵在无为"①，把君主无为奉为最高的德治典范。作为治民方略的无为论，强调一个"静"字。治民犹如防水，善为水者，引之使平；善化人者，抚之使静，"静之则安，动之则乱"②，千万不要把民众这潭水激成冲决堤防、颠覆舟船的狂涛巨浪。实现"静"的关键是"君能清净"③"俭以息人"④，即顺应自然规律，节制个人欲望，尽量减少对农事的干扰和对庶民的索取，实行"与民休息"的政策，具体做法是尚节俭、慎用兵、薄赋敛，轻刑罚等。

第二，施惠于民。

唐太宗主张君主必须体察民情，顺应民心，关心民瘼，以德政施惠于民。如此施政，一可缓和君欲与民欲的矛盾。"帝王所欲者放逸，百姓所不欲者劳弊"，二者之间有矛盾。解决矛盾的方法是君主"节己以顺人"⑤，千万不能"损百姓以适其欲"⑥。二可调整国富与民富的矛盾。"量入而为出，节用而爱人，度财省费"⑦，横征暴敛，只会激起民怨，导致君富而国亡。

第三，不竭民力。

"悦以使人，不竭民力"⑧是唐太宗重民政策的思想基石，其核心内容是节制劳役征发和赋税征收。国家征收赋役的数量不能超越民众的承受能力，否则"竭泽取鱼，非不得鱼，明年无鱼。焚林而畋，非不获兽，明年无兽"⑨。唐太宗以形象的比喻揭示

---

① 《旧唐书·后妃传》。
② 《贞观政要·论刑法》。
③ 《贞观政要·论政体》。
④ 《旧唐书·马周传》。
⑤ 《贞观政要·论俭约》。
⑥ 《贞观政要·论政体》。
⑦ 《旧唐书·食货志上》。
⑧ 《旧唐书·魏徵传》。
⑨ 《贞观政要·论纳谏》。

了这个政策原则的思维逻辑：马"能代人劳苦者也。以时消息，不尽其力，则可以常有马也"①。君民关系犹如人马关系，君重民犹如人重马。民是赋役的人格化，君主不竭民力，才能年年向民众索取源源不绝的赋役。

第四，以农为本。

在传统农业社会中，农业发展与否关系国家的兴亡与民众的稳定。从《贞观政要·务农》《帝范·务农》等文献的记载来看，农为政本论的主要依据有三：一是食乃民天，农业的丰歉会直接影响民生，进而影响政治的盛衰安危。二是农业为国家财政的主要来源，农业的兴衰关系到财政的盈亏和国家的强弱。三是务农与赏罚一样是"制俗之机"，民众一心务农则性格纯朴，遵守礼义，否则就会贪残、骄逸。因此，重农不仅是一项重要的经济政策，而且是一项重要的化民之术。正如唐太宗所说："禁绝浮华，劝课耕织，使民还其本，俗反其真，则竞怀仁义之心，永绝贪残之路。此务农之本也。"②

第五，调整官民关系。

唐太宗及其辅臣认为，官吏贪赃枉法、鱼肉百姓是导致隋末民溃民乱的重要原因，因此自觉把限制官僚法外侵民作为施政重点之一。唐太宗在《金镜》等文中曾发出"民乐则官苦，官乐则民劳"的感慨，清醒地认识到调整官民关系是一个十分棘手的问题。作为一项重要的重民政策，唐太宗慎选临民官，并以行政、监察、立法、司法手段整饬吏治，严肃风纪，限制官僚豪强法外侵民。但是，这些措施并不意味着改变官民之间的主从关系。唐太宗明确表示，绝对不容许"百姓强而陵官吏"③。

唐太宗通过对传统的民本思想集萃式的理论加工和面向实际的政治实践，把民本论发展到一个新的高度。他的重民政策在唐初政治上取得了巨大成功，并为开创中国古代社会的鼎盛时代做出了重大贡献。这个历史现象说明：民本论不是君主政

---

① 《贞观政要·教戒太子诸王》。

② 《帝范·务农》。

③ 《资治通鉴》卷一九五。

治的对立物，而是统治思想的重要构成之一。

（三）如何处理好君臣关系

唐太宗认为，在治国行政上，君臣一体。其相关内容主要有以下几点：

第一，君不可以独治。

唐太宗在长期征战与治理中深刻地认识到：治理国家，单靠君不可能完成，必须依靠臣的协助。君与臣的关系犹如元首与股肱、船夫与舟楫、飞鸟与羽翼、大厦与栋梁的关系，彼此相互一体。唐太宗说：吾"每事皆自决断，虽即劳神苦形，未能尽合于理"①。"重任不可独居，故与人共守之。"②从政治结构和政治运作的高度，承认了君对臣的依赖性和臣对君相互制约的必然性和必要性。

第二，君臣合道。

在唐太宗看来，"以天下之广，海内之众，千端万绪，须合变通，皆委百司商量，宰相筹画，于事稳便，方可奏行。岂得以一日万机，独断一人之虑也"③。这一认识的基本思路是：君与臣是依据道或道义结为统一体的。君有君道，臣有臣道，二者又统一于道。君与臣必须以道来规范各自的思想和行为，共同实现"天下有道"的理想政治。唐太宗认为，君与臣是道义的结合，君应依靠臣"弼成王道"，臣应"论道佐时"，辅弼君主。"君臣一体"方能"君臣上下，各尽至公，共相切磋，以成治道"④。君臣皆以道自守，以道相和，才能实现君臣和谐，天下大治。

第三，君臣师友。

这是君臣合道说的推论和补充。其基本思路是："帝者与师处，王者与友处，霸者与臣处，亡国与厮役处。"⑤君应以有道德、有智慧、有才能的臣下为师为友，以实

---

① 《贞观政要·论政体》。

② 《帝范·建亲》。

③ 《贞观政要·论政体》。

④ 《贞观政要·论求谏》。

⑤ 《战国策·燕策》。

现君臣相互一体，"和同盐梅""形如鱼水"。师友说是合道说的人格化，获得许多帝王的认同。如唐太宗曾发布《建三师诏》，列举历史典故，指出：古代的"明王圣帝"皆有师傅而功业卓著。当今"智不同圣人"的君主若无师傅教诲、辅佐则不可治天下。他把魏徵等忠良之臣比为师友、良工、良冶和镜鉴，留下许多君臣际遇的佳话。

第四，君臣利害攸关说。

既然君臣同体合道，那么君臣必然利害攸关。君臣政治统一体的中介不仅有亲情、道义，还有利害。唐太宗认为："君臣本同治乱，共安危"，"君失其国，臣亦不能独全其家"①。从历史过程看，君与臣是以权与利为中介而结为政治统一体的。君强臣弱、利害一致时，君臣系统会趋于协调和稳定。然而，一旦君弱臣强或利害背反，两者就会化为仇敌。对此，李世民有着清醒的认识。他指出："子不肖则家亡，臣不忠则国乱。"② 这就需要君主掌握极其微妙的统治术。

第五，君主臣辅。

"君为政本"是君臣一体论诸命题的基本前提。在君臣统一体中，君居于主导地位，臣居于从属地位。君主臣辅说是中国古代君臣关系论的一般准则。君主臣辅说的主旨可以归结为两条：一是臣不得染指理应属于君主的一切特权。即"杀生威权，帝王之所执，而宪章法律，臣下之所奉"③，对于君命，臣下必须绝对遵从。二是君臣共治乱，而君的作用更关键。在君臣关系中君居于主导地位、臣居于辅助地位。唐太宗赞成这样的观点："君治则善恶赏罚当，臣安得而乱之！苟为不治，纵暴慢谏，虽有良臣，将安所施！"④ 他指出："君，源也；臣，流也。浊其源而求其流之清，不可得矣。"⑤

唐太宗的君道、君臣关系、君民关系等思想，为后世帝王治理国家提供了一个

---

① 《贞观政要·君臣鉴戒》。
② 《唐太宗集·晋武帝总论》。
③ 《全唐文》卷一四七《论薛子云等表》。
④ 《资治通鉴》卷一九六。
⑤ 《资治通鉴》卷一九二。

比较合理的范式。[①]

二、对三省制的完善

政治体制演进的核心问题是权力结构和权力的分配。

中国古代三省制以唐朝为代表，然尚书、中书、门下三省之建制并不始于隋唐，三省的重要职官大都源于魏晋时期。

曹魏时，尚书台脱离少府，变为最高行政机关，尚书令便是宰相，其下的仆射为副相，于是出纳王命，敷奏万机，政令、选举、罪赏均由尚书出。南朝至梁时，尚书台改称尚书省，北朝则自北魏开始称省，仍为行政中枢。中书之官始于建安年间曹操为魏王时所设之秘书令，掌起草诏令，至魏文帝即位，始改秘书为中书，并置省，长官为中书监与中书令。门下省的长官为侍中。侍中一职，始于秦代，本为皇帝侍从之臣，后以职司顾问应对，又得参机密，因此汉魏以后，地位渐隆。唯晋武帝时，中书、门下虽较尚书亲近君主，然其权位犹不能凌驾于尚书之上。

至晋惠帝时，贾后专政，对尚书重臣任情杀戮，于是尚书权势大受破坏，政治中枢由尚书转至中书，中书监令成为实际的宰相与副相，独掌大政，且位在枢要，多承宠任。及晋室南渡，江左政事操于权臣方任之手，尚书省仍为名义上发号施令之机关，录尚书事兼扬州刺史或再加中书令监，遂为东晋宰相之常任。如王导领扬州刺史凡二十余年，与其录尚书事相终始，其后庾冰、何充、蔡谟、谢安、会稽王道子、世子元显、桓谦、王谧、刘裕，均相继以录尚书事领扬州刺史。东晋末年，尚书省的权势在名、实两方面均发展至巅峰状态，于是大为君主猜忌而逐渐受到摧残。南朝齐、梁以后，尚书令仆渐成优崇之职，不甚理政。至陈，尚书令仆仅有宰相虚名，掌握国政者，实为中书舍人。北朝则门下省职权转重。元魏之世，录尚书

---

① 参见刘泽华、葛荃主编：《中国古代政治思想史》，南开大学出版社2001年版，第350—355页。

事、尚书令仆仍为宰相之官，而侍中、黄门侍郎以近中枢，亦掌有实权，有"小宰相"之称。北齐时，侍中秩次虽比尚书令仆为低，但秉持朝政，实居宰相之任者，尚书令仆不过综理庶务而已。

隋文帝统一全国以后，废除北周六官之制，并综合历代制度，立尚书、门下、内史、秘书、内侍五省，及诸台寺卫府。秘书省较悠闲，内侍省则皆宦官，故前三省方为枢要之地。尚书省的令仆、门下省的纳言、内史省（即魏晋的中书省）的监令，并为当时之宰相，唯对其职权及其相互关系，隋代并未明白厘定。

唐初，因袭隋制，尚书仆射为正宰相，中书令则颇带君主秘书色彩。至唐太宗时，始将三省职权确定。

唐代对三省制的调整，最主要的有四点：

一是使中书舍人参议表章，分押尚书六曹，协助宰相判案。凡军国大事，经舍人初判，中书令、中书侍郎省审，于是中书省正式成为制定政令的政府机构，机衡之任，乃由尚书仆射转移至中书令。

二是使给事中掌封驳之任。"封"指封还诏书而不行，"驳"谓驳正诏书之缺失，于是门下省的审议制度得以建立。

三是整理门下组织，划分侍中与散骑职掌，并置"拾遗、补阙"，以加强门下省的审议作用。

四是加强尚书职权，使其能负实际行政责任。从此三省并列，中书省主制定法令，门下省主审议法令，尚书省主执行法令。三省权责分明，凡有军国大事先由中书舍人各尽所见，经中书侍郎、中书令审议，然后进呈书押。敕旨既下，由中书舍人署行，门下省给事中、黄门侍郎驳正，然后送尚书省执行。

总的来说，唐代三省制度是一种决策程序上的分权体制，三省长官同为宰相，分别职掌决策、审议、执行三个平行系统，既互相制约和抗衡，又互相补充和合作，体现出中枢体制的制衡原则。

由于三省权力的彻底分化，中书与门下省有时不免各持己见，发生公务上的争执。唐太宗为弥补此缺点，乃设政事堂于门下省，侍中虽出席议政，给事中仍可封驳。如敕旨已行，发觉处理失当，两省谏官又得论奏。中书门下一主出命，一主审议，换言之，政令的决定，由中书、门下两省共同负责，所以唐代两省属官都具有政务意义。自散骑常侍、谏议大夫、"拾遗、补阙"，以至起居舍人，都可论朝政得失。贞观元年（627年）起，中书、门下及三品以上入阁议事，皆命谏官、史官随入，有失辄谏。两省属官上可以察君主，下可以纠百官，故父为宰相，子不得为谏官，以免使子论父。且中唐以前，谏议论事，多使宰相先知，因此谏官受宰相的影响多，承皇帝的意向少，故其时宰相多能淬砺谏官以节制君主。三省制的精神一方面在谨慎大政之决策，一方面在使君主与权臣俱不得独断。因为每一个意见由舍人判事直至给事中署行，中间系经两省官员的审议，并非一二宰臣的意见。一二宰臣的意见，君主易于举手弃之，经两省审议的共同意见，天子则不得轻易改动。所以中唐以前大小庶政，大率由中书进拟，经门下审议。不经中书门下，不得称为敕。武后垂拱三年（687年），刘祎之曰："不经凤阁（中书省）鸾台（门下省），何名为敕？"[1] 可见在三省制中，行政决策实系于两省，政事堂乃成为实际决策的中枢所在。唐人李华曾论政事堂之职责，颇可以窥三省制之精髓，他说："政事堂者，君不可以枉道于天，反道于地，覆道于社稷，无道于黎元，此堂得以议之。臣不可以悖道于君，逆道于仁，黩道于货，乱道于刑，克一方之命，变王者之制，此堂得以易之。兵不可以擅兴，权不可以擅与，货不可以擅蓄，王泽不可以擅夺，君恩不可以擅间，私仇不可以擅报，公爵不可以擅私，此堂得以诛之。"[2] 所以君主欲专断，必先破坏三省制；权臣要弄柄，也必先破坏三省制，这是武后称制与"安史之乱"以后专君权臣所以产生的根本原因。

武后自高宗后期当国，即竭力排斥前朝旧臣，起用新进，对三省制度蓄意破坏。初则引用文学之士密参国政，以分宰相之权；继则事无大小，都由她本人决断，诏敕不经凤阁鸾台的审议，即径付实施。到中宗、睿宗时代，韦后、安乐公主、太平

---

① 《旧唐书·刘祎之传》。
② 《全唐文》卷三一六《中书政事堂记》。

公主相继乱政，三省旧制破坏更甚。直到玄宗开元初年，三省制才恢复旧观。开元十一年（723 年），政事堂改为中书门下，复于其后设吏房、枢机房、兵房、刑礼房，从此政事堂由宰相议政之处，变为宰臣办公之所，致两省长官渐与属官脱节。及"安史之乱"起，中枢几度播迁，两省组织渐坏，舍人六押制度废除，翰林学士代兴，于是宰相与两省属官的距离更远。中书令、侍郎既与中书舍人脱节，又受制于翰林学士，中书省遂逐渐丧失出命拟诏的权力。宣宗大中以后，三省渐等于君主的咨议，极少能行宰相的职权。此外，枢密使自德宗以后，权势渐盛。至文宗时，更成为朝廷大臣，内可决定诏书，外可与宰相同议政事。战争期间，诏令有时不经宰相，即由枢密使直接下达军前，致唐末大权操于内廷之手。宦官以领枢密使而更为专横，外廷的宰相遂成傀儡。①

三、贞观之治

唐太宗初即位时，国内的形势并不很好，经济凋敝的阴影正笼罩着全国。隋朝盛时，政府控制的户数，曾达到九百万左右，经过隋炀帝的残暴统治和长期战争之后，到唐武德末年，就只剩下三百万不到了。从贞观元年到三年，又遇上连续三年的严重灾害。不言而喻，在经济凋敝的情况下，要想顺利地渡过这样的灾荒，自然不是轻而易举的事。政局也不十分平稳。建成、元吉的余党还散布各地，其中包括了一些中央和地方的高级官员。在武德九年和贞观元年，地方上曾经不止一次发生叛乱。尽管这些局部叛乱很快就被平息下去，但是如果处理不好，引起一场轩然大波也并不是不可能的。

针对以上情况，唐太宗在以太子监国和即位以后，立即改组政府。一方面，他陆续把秦府旧属高士廉、房玄龄、长孙无忌和杜如晦等人提拔为宰相；另一方面，立即召见魏徵，付以安辑山东的重任，同时将流放在外的东宫官属韦挺、王珪召回

---

① 参见国风著:《中国古代的权力结构》，山西人民出版社 2006 年版，第 52-56 页。

长安。起初，任用他们做谏官，引置在左右；然后，又提升他们为尚书丞和门下省要职，以至宰相，担负纠弹审驳的职责，以收牵制秦府旧属的效用。与此同时，他又把陈叔达、萧瑀、宇文士及罢去相职。到贞观三年（629年），裴寂也被贬流到南方。这样，唐太宗就完成了中央机构人员的调整工作，贵族和士族在朝廷中的力量被削弱了。

唐太宗并不排斥贵族和士族。在大臣中间，关陇军事贵族仍然占有很大比例，关中和关东士族也有一些被吸收到最高统治机构中。太宗用人政策的特点是拔用了不少关东的寒族地主或普通地主，如戴胄、杜正伦、张玄素、马周、李勣、张亮等。这些人多数参加过隋末农民起义军，与关东普通地主有密切联系，并对关东复杂的阶级关系和政治形势比较熟悉。他们大多正直敢言，能面折廷争，以矫正太宗的过失。太宗大抵多用熟知经史的江南儒生为文学侍从之臣，以备顾问；而在决定施政方针上，则极为重视关东普通地主大臣的意见。他的这种做法，对于执行向农民让步的政策，起了重要的保证作用。

一个既富且强的隋王朝，由于隋炀帝的统治过分残暴而激成了全国规模的农民起义，很快就为农民起义军所推翻。这是唐初统治者亲眼看见的一次大事变，他们对农民的巨大力量不能不"惕焉震惧"。所以，唐政权从建立之时起，就注意推行一些对农民让步的政策。唐太宗即位后，即申明他要"去奢省费，轻徭薄赋，选用廉吏，使民衣食有余"。他经常与大臣们讨论历代衰乱，特别是隋朝覆亡的原因，并引以为鉴戒。他们得出的结论是：一个政权如果过度暴虐，使民众无法忍受，就必将被民众推翻。《尚书·五子之歌》说："予临兆民，懔乎若朽索之驭六马。"《荀子·王制篇》说："君者，舟也；庶人者，水也。水则载舟，水则覆舟。"唐太宗反复引用这些古语来警励自己，大臣们也不断用这些话来进谏。唐太宗还曾明白地说："天子者，有道则人推而为主，无道则人弃而不用，诚可畏也。"[1] 这样，隋末农民战争促成了唐初统治者治理思想的形成，从而给唐初一系列对农民让步政策的实行提供了主

---

[1] 《贞观政要·论政体》。

观条件。

在隋末农民战争中，有的农民起义者"见人称引书史，辄杀之"，有的起义军"得隋官及士族子弟，皆杀之"。地主阶级，特别是关东的大族豪强地主的气焰被打下去了。史称：贞观时，大姓豪猾之伍，无敢侵欺细民。他们不敢施逞凶暴的真正原因，是慑服于农民起义的打击。同时，在隋末农民战争中，不少依附农民、部曲、佃客和奴婢都摆脱了封建国家和地主对他们的控制。这样，隋末农民战争就直接调整了生产关系，从而也就为唐初一系列对农民让步政策的推行提供了客观条件。

唐太宗即位之初，在朝廷中曾经展开一场如何统治农民的争论。以封德彝为代表的一部分大臣认为："三代以后，人渐浇讹"，只有任法律，杂霸道，才能统治下去。换言之，就是要对农民实行严厉的镇压。魏徵则坚决反对这种主张。他认为：行帝道则帝，行王道则王，主要在于采用怎样的政策。他驳斥封德彝说："若谓古人淳朴，渐至浇讹，则至于今日，当悉化为鬼魅矣，人主安得而治之！"①并且他列举史实来证明大乱之后最易"致治"，以坚定太宗的信心。封德彝的论调反映了正在崩溃中的大族豪强地主极端仇视农民的思想，充满了消极悲观的没落情绪；魏徵的论点反映了正在上升中的普通地主对发展经济的要求，富有进取向上的精神。唐太宗接纳了魏徵的意见，确立了贞观时期施政的总方针。

唐太宗认为，一人不能遍知天下之事，也就不能独断天下之务。因此，一方面，他很注意在统治集团内部兼听博采。从贞观初起，他就命令京官五品以上，轮流值宿中书内省，"问以民间疾苦，政事得失"。另一方面，他更重视发挥各级官吏的作用。对于重要的政务，"皆委百司商量，宰相筹画，于事稳便，方可奏行"②。他重申了中书省和门下省办事的旧制，这就是，凡军国大事，要由六员中书舍人各自申述自己的意见，并且署名，叫作"五花判事"；制敕草成须经过中书侍郎、中书令审查，再送到门下省，交由给事中、黄门侍郎驳正；复奏以后，再付外施行。此外，他又

①《资治通鉴》卷一九三。

②《贞观政要·论政体》。

命令各行政部门，在接到诏敕后，如果认为不尽稳便，也可据理执奏，不一定立即执行。他再三向官员们指出："人心所见，互有不同，苟论难往来，务求至当，舍己从人，亦复何伤。"① 他要求官员不要护己之短，也不要相惜颜面；要"灭私徇公"，决不能苟且雷同，草率从事。他并且引用隋朝为例来告诫他们，说当时内外众官，遇事都模棱两可，终于弄到亡国、亡家、亡身。由此，军国大事和重要政令的审慎决策，就不仅从他个人的行动上，而且从制度上、从官员的思想上得到了保证。

贞观时期君臣的纳谏和直谏，是君主专制社会中少见的良好的政治风气。唐太宗极为重视谏官的人选，并提高他们的地位。他规定宰相入阁议事，必使谏官随入，遇有失误，即行论谏。为了鼓励直谏，唐太宗不但对于自己的过失或可以不做的事，常能接受臣下的批评，而且对于某些他认为必须做的事，也有时因臣下的尖锐指责而暂缓实行。例如贞观四年（630 年），唐太宗下令征发民众修洛阳宫，给事中张玄素上书谏止说："且以陛下今时功力，何如隋日？承凋残之后，役疮痍之人，费亿万之功，袭百王之弊，以此言之，恐甚于炀帝远矣。"唐太宗说："卿以我不如炀帝，何如桀、纣？"张玄素并不退缩，坚持说："若此殿卒兴，所谓同归于乱。"② 唐太宗就停止了这次征发，并褒扬了张玄素能以卑干尊，赐给他绢二百匹。至少过了一年多，唐太宗才再下令修建。

唐太宗既提拔了许多出身普通地主的人物担任中央和地方要职，又特别注意直接统治民众的地方官吏的行为。他把都督、刺史的姓名写在屏风上，随时记下他们的善恶政绩，以备赏罚。对于贪污的官吏，不论京官、外官，也不论勋贵、故旧，都要严加惩治。他还制驭王公妃主之家，使之不敢过于骄纵。这样，他就能通过用人政策来保证对农民让步政策的执行。

从贞观元年（627 年）到三年，关东、关中各地连续发生水旱霜蝗之灾，关中饥馑尤甚，至有鬻男女者。唐太宗很重视救灾工作，命令灾区开仓赈济，无仓之处，

① 《资治通鉴》卷一九二。
② 《贞观政要·论纳谏》。

准许就食他州，并连年派遣亲信大臣分往各灾区巡视。他还命令"出御府金宝，赎男女自卖者还其父母"。在旱蝗灾害严重的贞观二年，他曾经下大赦诏说："移灾朕身，以存万国。"据说，他还在御苑中吞食了蝗虫数只，说道："民以谷为命，而汝食之，宁食吾之肺肠。"这些做法都起到了安定人心的作用。非灾区的民众也能对灾民体贴关怀，有的州做到了"逐粮户到，递相安养，回还之日，各有赢粮，乃别赍布帛，以申赠遗"①。这样，全国各地终于在社会安定的情况下战胜了灾荒。

配合着救灾措施的推行，唐太宗采取了精简机构和官员的办法，以紧缩国家开支，提高行政效率。贞观元年，他下令并省了很多州县。中央各官府的官员，从二千多人减为六百四十三人。这对于朝廷渡过财政困难起了很大作用。

唐太宗曾说，轻徭薄赋，不夺农时，"使比屋之人，恣其耕稼"②，就能使民众富足。此外，他对于减轻刑罚也很重视。贞观元年，他命令大臣重新议定律令，把绞刑五十条改为加役流。贞观十一年颁行的由房玄龄等修订的新律，比隋代旧律减大辟者九十二条，减流入徒者七十一条。其他变重为轻的还很多。在同时颁布的狱官令中，又定出了枷、杻、钳、镣、杖、笞的长短广狭之制。太宗重申，法司判刑，不论过重或过轻，都要依律治罪。这就使新律得到比较认真的执行。对于死刑的判决尤其慎重。唐太宗令天下死罪不但要由刑部详复，而且要由中书门下四品以上官及尚书、九卿议定，并须经多次复奏才能施行。

唐太宗对农民让步的政策和各种措施收到了很好的效果，农业生产状况迅速好转。在连续三年的严重自然灾害以后，贞观四年（630年），全国粮食大丰收，流散的人都返回乡里；全年才断处死刑二十九人。以后又连年丰稔，米粟每斗不过三四钱，出现了"马牛布野，外户不闭"的现象。自长安南至岭表，东至于海，行旅不需自带粮食，沿途可以得到充分的供应。山东一带的村落，对于过路的旅客，必厚

---

① 《旧唐书·陈君宾传》。

② 《贞观政要·论务农》。

加供待，有的还在离开时赠送礼物。①

大唐诗人白居易曾作有诗篇《七德舞》，热情讴歌了唐太宗的文治武功。诗中说：

> 七德舞，七德歌，传自武德至元和。元和小臣白居易，观舞听歌知乐意，乐终稽首陈其事。太宗十八举义兵，白旄黄钺定两京。擒充戮窦四海清，二十有四功业成。二十有九即帝位，三十有五致太平。功成理定何神速，速在推心置人腹。亡卒遗骸散帛收，饥人卖子分金赎。魏徵梦见子夜泣，张谨哀闻辰日哭。怨女三千放出宫，死囚四百来归狱。剪须烧药赐功臣，李勣呜咽思杀身。含血吮创抚战士，思摩奋呼乞效死。则知不独善战善乘时，以心感人人心归。尔来一百九十载，天下至今歌舞之。歌七德，舞七德，圣人有作垂无极。岂徒耀神武，岂徒夸圣文。太宗意在陈王业，王业艰难示子孙。

《七德舞》是唐舞名，唐初有《秦王破阵乐曲》，至贞观七年（633年）唐太宗制《破阵乐舞图》，后令魏徵、虞世南等改制歌词，更名《七德》之舞。"七德"语出《左传·宣公十二年》所谓禁暴、戢兵、保大、定功、安民、和众、丰财七件事。白居易借《七德舞》，高度赞颂了唐太宗开创贞观盛世的不朽功绩。

历史也正是这样。

贞观之治开大唐盛世之先河，是中国历史上少有的值得称道的政治调整与政治改良的一个良好时代。《贞观政要》对于唐太宗与贞观之治是这样结论的："太宗时，政化良足可观，振古而来，未之有也。"②（太宗）"深恶官人贪浊，有受枉法财者，必无赦免。在京流外有犯赃者，皆遣执奏，随其所犯，置以重法。由是官吏多自清谨。制驭王公妃主之家，大姓豪猾之伍，皆畏威屏迹，无敢侵欺细民。商旅野次，无复盗贼，囹圄常空。马牛布野，外户不闭。又频致丰稔，米斗三四钱，行旅自京

---

① 参见汪篯著：《唐太宗与"贞观之治"》，求实出版社1981年版，第38—43页。
② 《贞观政要·序》。

师至于岭表，自山东至沧海，皆不赍粮，取给于路人。入山东村落，行客经过者，必厚供待，或发时有赠遗。此皆古昔未有也。"①君正民乐，简直是一个理想世界的图景。

贞观之风留给后世的宝贵遗产很多，本书仅集中从为君之道与为政之道两个方面加以小结。

第一，如何为君？

《贞观政要》《资治通鉴》等书中对唐太宗的为君之道都有很多的记载：

（1）为君之道，"必须先存百姓"②，"以百姓心为心"，"务知百姓利害、政教得失"③，牢记"水能载舟，亦能覆舟"④的君舟民水之道。国家由民众所组成，治理国家最重要的事情就是为民众服好务。

（2）为君之道，"必须先正其身"，懂得"修身之术"。《大学》很强调"正身"，"自天子以至于庶人，壹是皆以修身为本"。"未有身正而影曲，上理而下乱者。"⑤

（3）为君之道，必须知"时政得失"⑥，应该"兼听则明，偏信则暗"，"兼听广纳"⑦，"择善而从"⑧。

（4）为君之道，"定天下，备尝艰苦，出万死而遇一生"，"安天下，虑生骄逸之端"，思"守文之难"⑨。

（5）为君之道，要能"克终俭约"⑩，"居安思危，戒奢以俭"，防止"宫苑是饰，

① 《贞观政要·论政体》。
② 《贞观政要·论君道》。
③ 《贞观政要·论政体》。
④ 《贞观政要·教戒太子诸王》。
⑤ 《贞观政要·论君道》。
⑥ 《贞观政要·论政体》。
⑦ 《资治通鉴》卷一九二。
⑧ 《贞观政要·论君道》。
⑨ 《贞观政要·论君道》。
⑩ 《贞观政要·论慎终》。

台榭是崇，徭役无时，干戈不戢"①。

（6）为君之道，"诚能见可欲则思知足以自戒，将有作则思知止以安人，念高危则思谦冲而自牧，惧满盈则思江海下百川，乐盘游则思三驱以为度，忧懈怠则思慎始而敬终，虑壅蔽则思虚心以纳下，想谗邪则思正身以黜恶，恩所加则思无因喜以谬赏，罚所及则思无以怒而滥刑"②。

（7）为君之道，要能够"任贤能，受谏净"，"安而能惧"。③

（8）为君之道，要会牢笼人才，"求贤如渴"④，"量才授职"⑤，"控御英杰"⑥。"用人如器，各取所长。"⑦"致安之本，惟在得人。"⑧

（9）为君之道，应该"以人为镜，明得失"；"以古为镜，知兴替"⑨。

（10）为君之道，必须深谙赏罚之术。"国家大事，惟赏与罚。若赏当其劳，无功者自退；罚当其罪，为恶者咸惧。则知赏罚不可轻行也。"⑩

（11）为君之道，"安不忘危，理不忘乱，虽知今日无事，亦须思其终始。常得如此，始是可贵"⑪。

（12）为君之道，"傲不可长，欲不可纵，乐不可极，志不可满"⑫。

（13）为君之道，应该"克己为政，仰企前烈"，践行"积德、累仁、丰功、厚

---

① 《贞观政要·论君道》。
② 《贞观政要·论君道》。
③ 《贞观政要·论君道》。
④ 《贞观政要·论慎终》。
⑤ 《贞观政要·论择官》。
⑥ 《贞观政要·论君道》。
⑦ 《资治通鉴》卷一九二。
⑧ 《贞观政要·论择官》。
⑨ 《旧唐书·魏徵传》。
⑩ 《贞观政要·论封建》。
⑪ 《贞观政要·论慎终》。
⑫ 《贞观政要·论慎终》。

利"①。圣明的君主，都能够克制欲望，积累美德，增加仁义，建立伟业，为民谋利，仰慕前圣，一心一意地在治理国家上下足功夫。

总之，唐太宗的为君之道内容丰富，无法一言道尽。这里用唐人对唐太宗的两则评语来作总结：

其一，贞观时中书侍郎岑文本对唐太宗的评语："览古今之事，察安危之机，上以社稷为重，下以亿兆在念。明选举，慎赏罚，进贤才，退不肖。闻过即改，从谏如流。为善在于不疑，出令期于必信。颐神养性，省游畋之娱；去奢从俭，减工役之费。务静方内，而不求辟土；载櫜弓矢，而无忘武备。"②

其二，开元时史臣吴兢对唐太宗的评语："帝志在忧人，锐精为政，崇尚节俭，大布恩德……加以从谏如流，雅好儒学，孜孜求士，务在择官，改革旧弊，兴复制度，每因一事，触类为善……时论以为能决断大事，得帝王之体。"③

第二，怎样治国？

同样，《贞观政要》《资治通鉴》等书中对唐太宗的治国之道也有很多的记述，此处摘取十则：

（1）"为国之道，必须抚之以仁义，示之以威信。因人之心，去其苛刻，不作异端，自然安静。"④

（2）"为政之要，惟在得人，用非其人，必难致理。今所任用，必须以德行、学识为本。"⑤

（3）"理国要道，实在于公平正直……极政教之源，尽至公之要，囊括区宇，化成天下。"⑥

---

① 《贞观政要·君臣鉴戒》。
② 《贞观政要·论灾祥》。
③ 《贞观政要·论政体》。
④ 《贞观政要·论仁义》。
⑤ 《贞观政要·崇儒学》。
⑥ 《贞观政要·论公平》。

（4）"治国与养病无异也。病人觉愈，弥须将护，若有触犯，必至殒命。治国亦然，天下稍安，尤须兢慎，若便骄逸，必至丧败。"①

（5）"夫治国犹如栽树，木根不摇，则枝叶茂盛。"②

（6）"为政之要，必须禁末作。"③治理国家，必须做好现实的事情，禁止那些非当务之急的事情。

（7）"民之所以为盗者，由赋繁役重，官吏贪求，饥寒切身，故不暇顾廉耻耳。朕当去奢省费，轻徭薄赋，选用廉吏，使民衣食有余，则自不为盗，安用重法邪！"④

（8）"太宗初践阼，即于正殿之左，置弘文馆，精选天下文儒，令以本官兼直学士，给珍膳，更日直宿，以听朝之隙引入内殿，讨论坟典，商略政事，或至夜分乃罢。又诏勋贤三品以上子孙为弘文学生。"⑤

（9）贞观二年，太宗谓侍臣曰："凡事皆须务本。国以人为本，人以衣食为本，凡营衣食，以不失时为本。夫不失时者，在人君简静乃可致耳。若兵戈屡动，土木不息，而欲不夺农时，其可得也？"王珪曰："昔秦皇、汉武，外则穷极兵戈，内则崇侈宫室，人力既竭，祸难遂兴。彼岂不欲安人乎？失所以安人之道也。亡隋之辙，殷鉴不远，陛下亲承其弊，知所以易之。然在初则易，终之实难。伏愿慎终如始，方尽其美。"太宗曰："公言是也。夫安人宁国，惟在于君。君无为则人乐，君多欲则人苦。朕所以抑情损欲，克己自励耳。"⑥

（10）贞观元年，太宗谓侍臣曰："死者不可再生，用法须务存宽简。古人云：鬻棺者，欲岁之疫，非疾于人，利于棺售故耳。今法司核理一狱，必求深劾，欲成

①《贞观政要·论政体》。
②《贞观政要·论政体》。
③《贞观政要·禁末作》。
④《资治通鉴》卷一九二。
⑤《贞观政要·崇儒学》。
⑥《贞观政要·论务农》。

其考课。今作何法，得使平允？"谏议大夫王珪曰："但选公良直善人，断狱允当者，增秩赐金，即奸伪自息。"诏从之。太宗又曰："古者断狱，必讯于三槐、九棘之官，今三公、九卿，即其职也。自今以后，大辟罪，皆令中书、门下四品已上及尚书九卿议之。如此，庶免冤滥。"[1] 由是至四年，断死刑，天下二十九人，几致刑措。

① 《贞观政要·论刑法》。

第三章　武周政治及其得失

武则天执政后，为扩大统治基础，不拘一格选用官员。她曾令九品以上官员及百姓皆可自我荐举求用，尝"十道使人，天下选残明经、进士及下村教童蒙博士，皆被搜扬，不曾试练，并与美职"，未经考试而"起家至御史、评事、拾遗、补阙者，不可胜数"，"补阙连车载，拾遗平斗量"。武则天这样做的结果，自然是为庶族地主广开仕途，有利于打破关陇士族控制政治的局面。武则天选官虽滥，但只要发现不称职的，就立刻废黜甚至诛杀。她所选用的宰相狄仁杰，是有名的贤相。唐玄宗开元年间的名臣姚崇、宋璟、张九龄等，都是在武则天时开始被提拔起来的。故唐代名相陆贽曾赞誉武则天的用人，说她"课责既严，进退皆速，不肖者旋黜，才能者骤升，是以当代谓知人之明，累朝赖多士之用"。同时，武周政权建立后，武则天继续推行唐初以来行之有效的大政方针，有因有革，所谓"不改旧物，天下惟新"。由于她的"惟新"活动在客观上顺应了当时社会发展的需要，所以在武则天统治时期，社会秩序稳定、经济继续发展，表现在户数增长上，从永徽时的三百八十万户，到她去位时增至六百一十五万余户。史称武则天统治时期虽"僭于上而治于下"，这是有事实根据的。

一、武则天的权力经营

武则天，并州文水（今山西文水东北）人。父亲武士彟本是木材商人，结交上李渊，在李渊起兵太原时，被任命为铠曹参军，建唐后，为工部尚书，武则天是其次女。贞观十二年（638 年），武则天十四岁时，被太宗选入宫中，封为才人，为正五品，是身份较低的姬妾。她在太宗后宫中的情况目前只有一条记载：太宗有一匹烈马"狮子骢"，无人能顺利调理，武则天自告奋勇地对太宗说：

> 妾能制之，然须三物，一铁鞭，二铁楇，三匕首。铁鞭击之不服，则以楇楇其首，又不服，则以匕首断其喉。[1]

这在一定程度上反映出她的为政风格。

不过，终唐太宗一世，武则天恐怕一直没有得到他的多少宠幸。唐太宗死后，一部分未曾生育子女的姬妾被剃度为女尼，武则天也剃度到感业寺为尼。

但是，在太宗病重、高宗李治常在太宗身边的那段日子里，作为太宗才人的武则天与太子李治便已经暗相往来。对这一段关系，二人并不讳言。在永徽六年（655年）唐高宗颁布的《玄皇后武氏诏》中就说："朕昔在储贰，特荷先慈，常得侍从，弗离朝夕。……圣情鉴悉，每垂赏叹，遂以武氏赐朕。"[2] 这就是说，是太宗看他服侍辛劳，特将武则天赏赐给他。当然，实际情况并非如此，否则，武则天便不会到感业寺为尼，但我们可以从中知道两人关系的复杂渊源。

根据《资治通鉴》卷一九九记载，太宗周年忌日，高宗到感业寺进香，得以与武则天相见，"武氏泣，上亦泣"。此时高宗的王皇后正与萧淑妃争宠，便想借武则天影响高宗对萧淑妃的宠幸，她暗中让武则天蓄发，又劝高宗纳入后宫。

---

① 《资治通鉴》卷二〇六。
② 《资治通鉴》卷二〇〇。

武则天再次入宫后，不久被封为昭仪，相当于二品，比才人地位要高一些，但武则天的目标远不止此。她先是取得王皇后的支持，得宠后，又开始了对王皇后的攻击。到永徽五年（654年）左右，她成功地让唐高宗重新褒赏开国功臣，利用这次机会，使其父武士彠成为十三位重要的开国元勋之一，借以提高其门第声望。不过，到此时，尽管唐高宗已十分宠幸这位武氏昭仪，但还没有废立皇后的想法。道理很简单，王皇后出身名门，其舅父柳奭正为中书令，而武昭仪其父已死，尽管也可算作开国功臣，但门第与地位相差太远，况且她毕竟曾是太宗才人，子娶父妾，如果勉强可以为社会接受的话，立为皇后，则要冒天下之大不韪了，尤其是朝中元老如唐高宗的舅父长孙无忌等人是不会轻易答应的。

然而，武则天却不想就此罢手。她想得到的不仅仅是专宠，而且还有地位与权力。高宗对她的宠爱与高宗本人的懦弱又给她的这一欲望的实现提供了难得的条件。

武则天的天然不足是自己在朝中没有依托，其父只是以铠曹身份随高祖起兵，建国后虽然官至工部尚书，但此时早已死去，亲属故旧中没有权势人物，要达到目的，只有靠自己的手段与努力。事实上，武则天正是把宫中争宠当作了政治斗争，她智勇兼备，因而能在残酷的后宫斗争中棋高一筹，立于不败之地。

大约也是在这一年中，武昭仪为高宗生下一个女儿，王皇后去探视，刚刚离去，武昭仪就掐死自己的女儿，并蒙上了被子。高宗兴冲冲地来探望自己的女儿时，武昭仪强作镇静，高高兴兴地把高宗迎进来，高宗揭起被角，发现女儿已死。昭仪假做惊惧大哭不已。高宗急急问左右侍从，侍从们都说："皇后适来此。"高宗大怒道："后杀吾女！"[1]昭仪又一边痛哭，一边数落着王皇后的种种不是，促使高宗考虑皇后的废立与否。

为了争取朝臣与自己家族的支持，高宗带着武昭仪到长孙无忌府上，陪舅父酗饮尽欢，又当场任命长孙无忌宠姬所生的三个儿子为朝散大夫，并带去了十车金银锦绣。但当高宗提及皇后无子，想让无忌说出废立之事时，无忌故意将话题岔开，

---

[1] 《资治通鉴》卷一九九。

不肯顺着往下说。高宗与昭仪自然是扫兴而归。此后，昭仪又让其母杨氏几次到长孙无忌那儿请托，还托卫尉卿许敬宗前去游说，无忌都不肯应允。

尽管如此，武昭仪仍继续着她的计划。中书令柳奭见王皇后境遇如此，遂自请解职，这正中高宗与昭仪下怀。高宗当即准奏，罢柳奭为吏部尚书。永徽六年（655年）六月，武昭仪诬陷王皇后与其母柳氏利用巫术谋害她，高宗遂敕令柳氏不得入宫；接着，柳奭被贬为遂州刺史，行至扶风时，岐州长史奏称其泄漏宫中机密，又被贬为荣州刺史。由此事，朝臣们知晓了高宗的态度，也开始领略了武昭仪的手段。

中书舍人李义府因得罪长孙无忌，将被贬为壁州司马，此人擅权谋，表面温良谦恭，内中凶险狡诈，时人称之为"李猫"，指其笑里藏刀，能以柔害人。李义府得知将被贬，急找其同僚王德俭问计。德俭道："上欲立武昭仪为后，犹豫未决者，直恐宰臣异议耳。君能建策立之，则转祸为福矣。"[1] 李义府当天就代王德俭值宿，连夜上奏，请废王皇后，立武昭仪。高宗当即召见，大加赏赐，留任原职，昭仪也暗中派人致谢。接着，李义府被越级任命为中书侍郎。不久，许敬宗也升任礼部尚书。朝中一部分官员开始观察风向，御史大夫崔义玄、御史中丞袁公瑜等人都成为武氏心腹。但朝中的大臣如长孙无忌、褚遂良、于志宁、李勣、来济、韩瑗等人还都不肯表示什么。

这年九月的一天，高宗退朝后突然召长孙无忌、李勣、于志宁、褚遂良四人入内殿。临去，褚遂良对他们三位说：

> 今日之召，多为中宫，上意既决，逆之必死。太尉元舅，司空功臣，不可使上有杀元舅及功臣之名。遂良起于草茅，无汗马之劳，致位至此，且受顾托，不以死争之，何以下见先帝！[2]

"中宫"指皇后，"太尉元舅"即长孙无忌，"司空"即李勣。褚遂良是要自己出

---

[1] 《资治通鉴》卷一九九。

[2] 《资治通鉴》卷一九九。

头，保护这两位宰相。四位宰相中，李勣称病未入，其他三人到内殿后，高宗开门见山，问："皇后无子，武昭仪有子，今欲立昭仪为后，何如？"褚遂良当即表示反对，并引太宗称高宗与王皇后是"佳儿佳妇"之言，说："臣不敢曲从陛下，上违先帝之命！"[①]高宗只好让他们退下。

第二天，高宗又召三人，再说废立之事，又是褚遂良慷慨陈词：

> 陛下必欲易皇后，伏请妙择天下令族，何必武氏。武氏经事先帝，众所具知，天下耳目，安可蔽也。万代之后，谓陛下为如何！愿留三思！臣今忤陛下，罪当死。[②]

一边说，一边放下笏板，叩头流血陈词："还陛下笏，乞放归田里。"高宗大怒，让人拉出。武昭仪一直在帘后静观，此时也忍不住大叫："何不扑杀此獠！"长孙无忌赶紧说道："遂良受先朝顾命，有罪不可加刑。"[③]于志宁自始至终不敢发言。

韩瑗与来济也先后上表，反对此事，高宗有些左右为难。

一天，李勣晋见。高宗问："朕欲立武昭仪为后，遂良固执以为不可。遂良既顾命大臣，事当且已乎？"李勣的回答很圆滑："此陛下家事，何必更问外人！"这实际上是支持废立的。高宗有了这样一位重臣的支持，遂坚定了废立之意。许敬宗也在朝中扬言："田舍翁多收十斛麦，尚欲易妇；况天子欲立后，何豫诸人事而妄生异议乎！"[④]不久，褚遂良被贬为潭州都督。褚遂良被贬，是武昭仪的重大成功。就在褚遂良被贬的第二个月，也就是永徽六年（655 年）十月，高宗将王皇后与萧淑妃废为庶人，立武昭仪为后。第二年初，又将原太子李忠罢为梁王，改立武后四岁的儿子李弘为太子。

经过五年的奋争，武则天确定了自己在宫中无可争辩的统治地位，但朝中大权

---

① 《资治通鉴》卷一九九。
② 《资治通鉴》卷一九九。
③ 《资治通鉴》卷一九九。
④ 《资治通鉴》卷一九九。

仍掌握在长孙无忌等一批元老重臣手中，许敬宗、李义府虽然也备位宰相，但资望太浅，无法左右政局。因此，经过两年左右的积蓄与观察，武则天又开始了在朝中的权力角逐。

显庆二年（657年）七月，在武后的指使下，许敬宗、李义府诬奏韩瑗、来济与褚遂良勾结，图谋不轨，结果来济被贬为振州刺史，韩瑗被贬为台州刺史，褚遂良又被远贬为爱州刺史。爱州在今越南北部，是当时唐王朝统治区域的南端。连柳奭也被莫名其妙地再贬为象州刺史。

不过，这还只是外围相争，武后的最终目标是长孙无忌。此公既是高宗舅父，又是开国元勋，做了二十多年的宰相，在朝中可以说是一言九鼎，举足轻重。因此，武后一直没有与他直接交锋。待清除了长孙无忌身边的几位大员、站稳了脚跟后，她便单刀直入，直取这位元老的要害，不待其喘息，迅速将他置于死地。

显庆四年（659年）四月，洛阳人李奉节告太子洗马韦季方、监察御史李巢互为朋党，许敬宗受命审理。因刑讯太急，韦季方自杀，未死。许敬宗乘机上奏称韦季方与长孙无忌有谋反图谋，故畏罪自杀。高宗惊问："岂有此邪！舅为小人所间，小生疑阻则有之，何至于反！"许敬宗坚持认为供状属实，而且还危言耸听，称长孙无忌为相三十年，若像宇文化及那样，顷刻之间就会改朝换代，又说："前事不远，请陛下速决之！"高宗仍是将信将疑，要许敬宗再仔细审讯。第二天，许敬宗编出了一个很圆满的供状，上奏称：

> 昨夜季方已承与无忌同反，臣又问季方："无忌与国至亲，累朝宠任，何恨而反？"季方答云："韩瑗尝语无忌云：'柳奭、褚遂良劝公立梁王为太子，今梁王既废，上亦疑公，故出高履行于外。'自此无忌忧恐，渐为自安之计。后见长孙祥又出，韩瑗得罪，日夜与季方等谋反。"臣参验辞状，咸相符合，请收捕准法。[1]

----

① 《资治通鉴》卷二〇〇。

梁王李忠之立为太子，的确是长孙无忌力主；高履行是长孙无忌妻弟，显庆三年（658年）由朝中贬为益州长史；长孙祥是其堂侄，前此由工部尚书贬为荆州长史；韩瑗是长孙无忌侄女婿，刚刚被贬。这些倒都属实，其他却只是一面之词。不过，听到这里，高宗倒有些相信了，他对许敬宗说："舅若果尔，朕决不忍杀之，若杀之，天下将谓朕何！后世将谓朕何！"[1]

见唐高宗如此，许敬宗继续落井下石，他以汉文帝杀其舅薄昭为例，鼓动高宗速杀长孙无忌。他还说：

> 古人有言："当断不断，反受其乱。"安危之机，间不容发。无忌今之奸雄，王莽、司马懿之流也；陛下少更迁延，臣恐变生肘腋，悔无及矣！[2]

这么一说，打动了唐高宗，他甚至没有讯问自己的舅父，便直接下诏罢其太尉一职，贬为扬州都督，但要移往黔州（治今湖南彭水）安置，实际上是流放黔州。

许敬宗紧追不舍，又上奏称褚遂良、柳奭、韩瑗、于志宁都是一党。于是，高宗下诏削褚遂良官爵，将柳奭、韩瑗除名，于志宁免官。长孙无忌之子长孙冲是太宗长女长乐公主之婿，此时为秘书监，也被流放岭南；褚遂良二子彦甫、彦冲先是流放，后被杀于道中。

七月，长孙无忌刚到黔州不久，许敬宗就派中书舍人袁公瑜来到黔州，名为再审无忌，到后即逼其自缢。接着，又派人杀柳奭、韩瑗，柳奭被杀于象州，韩瑗此时刚刚病亡，免于横祸。这三家的近亲都被流放岭南，成为奴婢。于志宁可能得益于废立皇后时的沉默，只被贬为荣州刺史，算是保全了性命。

这几个月，关于废立皇后的斗争可以说是惊心动魄，稍有疏失，就可能全军覆没，再无出头之日。因此，显庆五年（660年）的新年，武则天过得特别轻松，除掉了长孙无忌这批元老，她已势不可当地由宫中而左右朝政了。新年刚过，她不顾料

---

① 《资治通鉴》卷二〇〇。
② 《资治通鉴》卷二〇〇。

峭春寒，鼓动高宗北上，前往她的并州故里。她出面大摆龙筵，招待亲戚故旧邻里，各有赏赐，并要高宗下诏，凡八十岁以上的并州妇人都授予郡君之名。此时的武则天可谓风光一时。

这年十月，高宗得了一种风眩病，发病时头重脚轻，目不能视，百官奏事，有时便让武后决断。武后机敏果断，处理颇为得体，很中高宗之意。此后，武后的重心便由宫中移到朝中，开始直接处理朝政大事。到龙朔二年（662年）二月，她对中央机构的名称进行了全面改换，如门下省改称东台，中书省为西台，尚书省为中台，侍中为左相，中书令为右相，等等，这实际上是她企图全面控制朝政的一个试探、一种尝试。

武后的亲信大臣许敬宗升任太子少师，同东西台三品，知西台事，成了宰相；李义府则升任右相，仍兼选官之任。这两位新相依仗皇后之威，争权夺利，目中无人，甚至不把高宗皇帝放在眼中。李义府掌选官大权，卖官鬻爵，亲属更是横行不法，以致怨声满朝。高宗曾很关切地告诫他："卿子及婿颇不谨，多为非法，我尚为卿掩覆，卿宜戒之。"谁知李义府勃然大怒，面红耳赤地反问："谁告陛下？"高宗不太高兴，答："但我言如是，何必就我索其所从得邪！"李义府仍不肯认错，而是若无其事地"缓步而去"[①]。面对这样的臣子，高宗的心情可想而知。

恰在此时，有人告发李义府图谋不轨。龙朔三年（663年）四月，高宗将李义府捕入狱中，命司刑太常伯刘祥道等人审讯，接着即除名，流放崔州（治今四川西昌），其子婿等人也除名流放庭州（治今新疆奇台西北），这对武则天来说是一个很重要的信号。

武则天长高宗四岁，初时尚柔顺辅佐，唯高宗之命是从，但自长孙无忌事件后，她越来越专横；尤其是许、李两员亲信，更是为虎作伥。因此，清除李义府后，高宗即晋升审理此案的刘祥道为相，又重用另一位新相上官仪，用意恐怕是想制衡武后的势力。

---

① 《资治通鉴》卷二〇一。

麟德元年（664年）十一月，宦官王伏胜告发武后召道士郭行真入宫行厌胜之术。所谓厌胜，是古代的一种巫术，谓能以诅咒制胜，压服人或物。此处的诅咒对象应是高宗。高宗得知后大怒，密召上官仪商议对策。上官仪建言废除武后，高宗即令上官仪起草诏书。

这时，高宗身边的侍从急急报告武后，武后马上赶来哭诉。一见武后，高宗是又怜又惧。按《资治通鉴》卷二〇一中的记载，诏书已拟好待发，但高宗一见武后，即"羞缩不忍，复待之如初"。这样还唯恐武后怨怒，又自我开解道："我初无此心，皆上官仪教我。"

稳住了高宗，武后对上官仪可就没那么客气了。上官仪与王伏胜都曾在原太子李忠府上，因此，武后让许敬宗诬告上官仪、王伏胜与李忠谋大逆。十二月，即将上官仪、王伏胜处死，又将李忠赐死于流放地黔州；刘祥道也顺势被罢相，改任礼部尚书。朝臣中凡不阿附者或流或贬，武后又一次实现了政治清洗。自此，唐高宗上朝，武后则垂帘在后，大小政事，都参与处置，天下之人将他们共称为"二圣"。

武则天终于在一场场腥风血雨的权力争斗中登上了最高政治舞台，成功地迈出了临朝参政的步伐[①]。

二、从垂帘参政到乾坤独运

自麟德元年（664年）武则天垂帘参政，李唐王朝实际上已经进入了武则天时代，自此到武氏建周，再到长安四年（704年）的宫廷政变，武则天在唐王朝的政治舞台上叱咤风云四十年。这四十年的历史大致可以分作四个时期：一是唐高宗在世时的"天有二日"时期；二是建立周朝前的大刀阔斧时期；三是太子确立前的左右为难时期；四是自太子确立到武周废止的尾声阶段。

---

① 参见齐涛主编，马新、齐涛著：《中国政治通史》5，《繁盛中转型的隋唐五代政治》，泰山出版社2003年版，第162—171页。

随着上官仪被杀，武则天的政治航船驶入了一个通畅的航道，但这并不意味着她可以随心所欲地操纵政坛、左右朝政了，此时的唐高宗仍是一国之主，仍在处理着日常政务，武则天的意图与作为，必须通过唐高宗才能实现。总的来看，此时的唐高宗与武则天在朝内宫中都还较为和谐。

唐高宗身体欠佳，但仍汲汲于政务，仍想成为乃父之后的一代名君。麟德二年（665 年），唐高宗与臣下谈到隋炀帝时说："炀帝拒谏而亡，朕常以为戒，虚心求谏；而竟无谏者，何也？"这一问题本来很好回答，但李勣却说："陛下所为尽善，群臣无得而谏。"[1] 这一问一答，抹杀了十余年来政治斗争未断、谏臣蒙罪的真实历史。从此之后，直到永淳元年（682 年），方有监察御史里行李善感的上谏，这一上谏，虽然未见采纳，但也未加罪，朝野内外却反响极大，认为此事是"凤鸣朝阳"[2]。这实际上正是唐高宗统治的可悲之处。

唐高宗统治时期，唯一可以称道的是他对官员考选制度的建设。唐朝建立以来，形成了以科举制为核心的官员选任制度，对官员的考核按品德和业务两方面分上、中、下三等九级进行。一般每年进行一次小考，只定等级，记入考状备案。三至四年举行一次大考，综合几年来的小考等第以确定对所考课官吏的升降赏罚。每届考课，一般先由应考者本人写出当年功过行能，然后由本部门或州府长官当众宣读，议其优劣，定出考课等级。但考核的随意性颇大。为了改变这种考核官员的随意性状况，总章二年（669 年），高宗让司列少常伯裴行俭制定了对官员考核的铨注法，其后遂为永制。内容大致是：

> 大略唐之选法，取人以身、言、书、判，计资量劳而拟官。始集而试，观其书、判；已试而铨，察其身、言；已铨而注，询其便利；已注而唱，集众告之。然后类以为甲，先简仆射，乃上门下，给事中读，侍郎省，侍中审之，不当者驳下。既审，然后上闻，主者受旨奉行，各给以符，谓之告身。兵部武选

① 《资治通鉴》卷二〇一。
② 《资治通鉴》卷二〇三。

亦然。课试之法，以骑射及翘关、负米。人有格限未至，而能试文三篇，谓之宏词，试判三条，谓之拔萃，入等者得不限而授。其黔中、岭南、闽中州县官，不由吏部，委都督选择士人补授。凡居官以年为考，六品以下，四考为满。[①]

这一制度既承袭了前代人事制度的某些有效部分，同时又增加了一些新的内容，应该看到其积极的意义。

在这期间，唐高宗还注意缓和前些年剧烈冲突引发的政治矛盾。上元元年（674年）九月，唐高宗下诏恢复长孙晟、长孙无忌的官爵，并以长孙无忌曾孙长孙翼袭爵赵公，移长孙无忌灵柩陪葬太宗昭陵。仪凤元年（676年），又任命来济之兄黄门侍郎来恒为同中书门下三品。来济一直是武则天的对手，任命来恒为相，意义不言而喻。

从朝中大员的构成来看，以往在武则天立后问题上针锋相对的两派势力都纷纷凋零。长孙无忌等人死后不久，许敬宗、李义府也相继死去，新补充的中枢要员不必再在两大势力间进行选择，因此出现了难得的一段平静时光。

正因为这种政治上的安定，唐王朝在这期间经济继续得以恢复与发展，对朝鲜半岛与西域的军事与外交也取得了重大进展。

参与朝政初期，武则天的政治努力主要体现在以下三个方面。

其一，建立自己贵族门阀身份地位。武氏出生于木材商人家庭，其父武士彟虽忝列开国功臣，但在唐初门第等级观念尚强的时代，并未因此而改变其身份，魏晋以来的世家大族尽管多已家道中衰，但仍以门第相秤；唐初的政坛上，关陇集团的元老重臣也东施效颦，自比世家，把持朝政，不肯放弃其政治特权。唐太宗修《氏族志》，本意是想冲撞一下门阀的藩篱，但没有达到预期的效果。新的《氏族志》将二百九十三姓一千六百五十一家分为九等，第一等是皇族，第二等是外戚，第三等则是已经没落的清河崔氏，其他家族无论官爵高低，都在第四等以下。武氏未能跻身此列。

---

① 《资治通鉴》卷二〇一。

早在显庆四年（659年）六月，长孙无忌刚被贬，许敬宗、李义府就奏请修《姓氏录》以取代《氏族志》。新的《姓氏录》仍将天下士族分为九等，但以武后一族为第一等，其余家族完全以官爵高低为依据，凡五品以上都叙入士族行列。这一做法自然会引起原《氏族志》内缙绅旧族的不满，但却奠定了武氏至高无上的身份地位，也迎合了朝中新贵的要求。

有了武氏家族的地位，武则天还要争取她与唐高宗共同参与封禅大典的权力。麟德二年（665年），唐王朝开始筹备建唐以来首次封禅大典。所谓封禅，就是封泰山，到泰山之巅向上天昭告帝业的成就。按传统习惯，这是君主一人独有的特权，其他人员包括皇后都无权参与，但武则天偏偏要改变这一传统。她向唐高宗提出："封禅旧仪，祭皇地祇，太后昭配，而令公卿行事，礼有未安，至日，妾请帅内外命妇奠献。"[1]次年元旦的封禅大典，武则天实现了自己的这一愿望。这一事件的意义与影响实际上远过于她与唐高宗的共同听政。

其二，积极参与朝政，树立自己的政治形象。

武则天确实拥有天生的政治才能和政治手腕。换言之，她是一个有抱负、有心机、有作为的政治领袖人物。还在天后位时，上元元年（674年）十二月，她正式向唐高宗上书，提出十二条施政建议。内容包括：（1）劝农桑，薄赋徭；（2）给复三辅地；（3）息兵，以道德化天下；（4）南北中尚禁浮巧；（5）省功费力役；（6）广言路；（7）杜谗口；（8）王公以降皆习《老子》；（9）父在为母服齐衰三年；（10）上元前勋官已给告身者无追核；（11）京官八品以上益廪入；（12）百官任事久，材高位下者得进阶申滞。[2]概括而言，这十二条建议包括三个方面的内容：一是经济上轻徭薄赋，劝课农桑；二是政治上广开言路，提高官员俸禄，百官中资深才高者可晋升品级；三是确定帝后并尊。她一方面令王公以下都要习《老子》，老子被高祖推崇为李唐先祖；另一方面则要求为母亲服丧与为父亲服丧一样，定为三年。这些内容都被

---

① 《资治通鉴》卷二〇一。

② 《新唐书·后妃传上》。

唐高宗诏准实施。

其三，培植个人政治势力。武则天恐本人家族没有多深的政治背景，亲朋故旧没有一个能在当时的政治舞台上助她一臂之力，而且作为处于深宫的天后，她在政治上的所有作为只能通过三个途径来实现，即通过帝王、朝中官员或者自己走到前台。她的最终目的是自己走上政坛，掌握朝政，为此，她不会满足于依赖帝王发号施令，而是着力培植为自己所用的政治亲信。

这一时期，为她登上皇后宝座立下汗马功劳的几位重臣或死或老，武则天必须重新建立属于自己的政治力量。因此，她从两个方面实施自己的政治策略。一是增加官吏数量，广布恩泽。贞观初年，朝中文武官员合计只有六百四十人；到显庆二年（657年），每年进入官员行列的人数就有一千四百人，以致九品以上的内外文武官员达到一万三千四百六十五人。乾封元年（666年），武则天随唐高宗一道封禅泰山后，唐廷即开泛阶制之先河，文武官员三品以上赐爵一等，四品以下加一阶。这样，即使官员们不在其位，也可有其品级，有些人甚至由此进入三品、五品的高官行列。二是直接选用一批文人学士，利用他们建立一个新的政治中心，以分皇帝与外廷之权。其代表性人物有刘懿之、刘祎之兄弟，周思茂，元万顷等。上元二年（675年）初，高宗主动提出要逊位于天后，这一提议险些打破已有的政治平衡，中书侍郎同三品郝处俊马上反对道：

> 天子理外，后理内，天之道也，昔魏文著令，虽有幼主，不许皇后临朝，所以杜祸乱之萌也。陛下奈何以高祖、太宗之天下，不传之子孙而委之天后乎！①

中书侍郎李义琰也极力反对，说："处俊之言至忠，陛下宜听之。"②唐高宗这才放弃了这一想法。这一事件表明，尽管武后此时权势熏天，但外臣对武则天的接受

---

① 《资治通鉴》卷二〇二。
② 《资治通鉴》卷二〇二。

还是有条件的。

在此背景下，武则天继续步步经营，按部就班地为掌握最高权力铺垫台阶。

在唐高宗发出逊位之议前，武则天的长子太子李弘病卒，次子李贤继为太子。李贤富有文才，曾招集一批文士注南朝范晔《后汉书》，参与者张大安、刘讷言等人都是一时名流。李贤被立为太子后不久，高宗的逊位之议受阻，武则天遂转而寄望于刘懿之、刘祎之兄弟及周思茂、元万顷、范履冰等人。他们本是以修撰为名被召入禁中的，代武则天写成了《列女传》《臣轨》《百僚新诫》《列藩正论》等一批著作。由于这些人被特许可以从玄武门即北门出入禁中，因此，又被称为"北门学士"。修撰之外，他们在武则天周围形成了一个重要的权力决策中心，朝中密议以及百司表疏，都常常在这里参决，实际上分割了宰相之权。

武则天虽然已形成了自己的政治势力，但并不急于向皇权与外廷表示自己的独立存在；外廷宰相百官们经过十余年的政治风雨，也已认可了天后与高宗"二圣"并存、"威势与帝无异"①的现实；至于唐高宗本人，身体每况愈下，对于朝政大权更持一种清静无为的态度，甚至多次让新太子监国。仪凤二年（677年）三月，唐高宗又命郝处俊与刚任为宰相的李义琰分别兼太子左、右庶子；接着，太子左庶子张大安也被拜为宰相，这些人实际上都站在武则天的对立面。

仪凤四年（679年）五月，唐高宗又一次命太子监国，史称"太子处事明审，时人称之"。次年八月，武则天命人告发李贤喜好声色，不从谏劝，蓄意谋反，并在东宫中找到了数百件甲胄。东宫有宿卫卫士，储有甲胄并不能证明什么，因此，高宗不想深究，但武则天执意坚持，她说："为人子怀逆谋，天地所不容；大义灭亲，何可赦也！"②在她的坚持下，李贤被废为庶人，其第三子李哲（后改名李显）也就是后来的唐中宗被立为太子。

从武则天对李贤的态度上，似乎看不出什么母子亲情。更让人不可理解的是，

① 《旧唐书·则天皇后本纪》。
② 《资治通鉴》卷二○二。

唐高宗死后不久，李贤便被武则天派人杀害；李贤的三个儿子，也就是武则天的三个孙子，一个被杀，一个病死得免，另一个则长期被监禁。被监禁的邠王李守礼幸运地捱到了开元时代。当时，人们都传言他有神通，能预知晴雨，玄宗五弟岐王范也向皇兄报告："邠哥有术。"守礼苦涩地向玄宗解释道：

> 臣无术也。则天时以章怀（即太子李贤）迁谪，臣幽闭宫中十余年，每岁被敕杖数顿，见瘢痕甚厚。欲雨，臣脊上即沉闷；欲晴，即轻健，臣以此知之，非有术也。①

武则天对李贤及其诸子的态度与做法为什么会如此超出常理？这说明她为了执政，决心要扫除一切通往皇权之路上的障碍，即使是至亲也决不心慈手软。实际上，唐高宗后期对武则天的步步为营与其说是一种大度，不如说是出于无奈。他要逊位于武则天，或许只是迫于武则天的压力，因此，当朝臣中只有郝处俊与李义琰二人反对此事，他便急急收回动议，而且不久还擢升李义琰为相，并为李贤配备了一班得力的辅佐人马。当武则天编织罪状、要废太子时，他并非不想保护，但迫于武则天的气势以及他本人的隐衷，最终还是听之任之。

弘道元年（683 年）十二月，唐高宗病卒于贞观殿，中宗李显即位，尊武后为皇太后，任刘仁轨为尚书左仆射、裴炎为中书令、刘景先为门下侍中，由这三位宰相分别掌管尚书、中书、门下三省。

以唐高宗之死为分界线，武则天为实现荣登九五之尊的目标而开始了大刀阔斧的行动。

唐中宗即位后，按照常规理应接过全部朝廷政务，三位首席宰相刘仁轨、裴炎、刘景先处事练达，富有政治经验，君臣配合，或许能有一个安定的政治局面。但这恰恰是武则天所不愿看到的。此时，对她来说最大的障碍就是中宗顺理成章地实现对朝政的接管。

---

① 《旧唐书·章怀太子贤传》。

唐中宗即位的第二年初，改元嗣圣（684年），立其妃韦氏为皇后，韦后之父韦玄贞也由普州参军直接晋升为豫州刺史。紧接着，中宗还要将韦玄贞召入朝中，授门下侍中，又要授自己的乳母之子五品官。对这种违背常例的做法，裴炎坚执不可。中宗怒问道："我以天下与韦玄贞何不可！而惜侍中邪！"裴炎遂转而向太后武则天求助，两人共同议定了废立计划。武则天以太后身份在乾元殿召集百官，裴炎与中书侍郎刘祎之，羽林将军程务挺、张虔勖率羽林军控制了宫中，然后，宣太后令，废中宗为庐陵王，又将他强行扶下殿。中宗大喊："我何罪？"武则天答道："汝欲以天下与韦玄贞，何得无罪！"①

就这样，武则天借助于外朝的力量，弹指之间，就成功地完成了夺取皇权的宫廷政变。

武则天的第四个儿子李旦被指定为帝，亦即睿宗。不过，武则天明确要求睿宗只能居于别殿，不得参与朝政，实际上立了一个名义上的儿皇帝。

文明元年（684年）二月甲子日，武则天在洛阳武成殿接受了睿宗率文武百官所上的尊号。此后，她便常常在宫内紫宸殿临朝听政，并开始以最高统治者的身份大肆更作。她任命刘祎之、武承嗣等人为同中书门下三品，又在九月改元光宅，旗帜改为金色，东都洛阳改称神都；又将三省之尚书省改为文昌台，左、右仆射改称左、右相，六曹改为天、地、春、夏、秋、冬六宫；门下省改为鸾台，侍中改称纳言；中书省改为凤阁，中书令改称内史。其他机构也统统重新命名，很有一派改朝换代的气象。

武则天改元易帜的当月，扬州便爆发了声势浩大的反武起兵，其主帅是唐开国功臣李勣之孙李敬业，亦即徐敬业，另外，还有一批失意中小官僚如骆宾王、唐之奇、杜求仁、魏思温等人。他们以拥戴庐陵王李显复位为号召，驱囚徒、役丁、铸钱工匠等数百人占据扬州城。后又得到楚州司马崇福的响应，很快便发展为十余万人。骆宾王起草的《为徐敬业讨武曌檄》即《代李敬业传檄天下文》，飘逸犀利，词

---

① 《资治通鉴》卷二〇三。

双句俪，堪称绝唱。全文如下：

> 伪临朝武氏者，人非温顺，地实寒微。昔充太宗下陈，尝以更衣入侍。洎乎晚节，秽乱春宫。潜隐先帝之私，阴图后庭之嬖。入门见嫉，蛾眉不肯让人；掩袖工谗，狐媚偏能惑主。践元后于翚翟，陷吾君于聚麀。加以虺蜴为心，豺狼成性，近狎邪僻，残害忠良，杀姊屠兄，弑君鸩母。神人之所共嫉，天地之所不容。犹复包藏祸心，窥窃神器。君之爱子，幽之于别宫；贼之宗盟，委之以重任。呜呼！霍子孟之不作，朱虚侯之已亡。燕啄皇孙，知汉祚之将尽；龙漦帝后，识夏庭之遽衰。敬业皇唐旧臣，公侯冢子。奉先帝之遗训，荷本朝之厚恩。宋微子之兴悲，良有以也；桓君山之流涕，岂徒然哉！是用气愤风云，志安社稷。因天下之失望，顺宇内之推心，爰举义旗，誓清妖孽。南连百越，北尽三河，铁骑成群，玉轴相接。海陵红粟，仓储之积靡穷；江浦黄旗，匡复之功何远。班声动而北风起，剑气冲而南斗平。喑呜则山岳崩颓，叱咤则风云变色。以此制敌，何敌不摧！以此攻城，何城不克！公等或家传汉爵，或地协周亲，或膺重寄于爪牙，或受顾命于宣室。言犹在耳，忠岂忘心？一抔之土未干，六尺之孤安在？倘能转祸为福，送往事居，共立勤王之勋，无废旧君之命，凡诸爵赏，同指山河。若其眷恋穷城，徘徊歧路，坐昧先几之兆，必贻后至之诛。试看今日之域中，竟是谁家之天下？

武则天看到这篇檄文后的表现成为一时佳话。她读此文时，最初尚镇静，嬉笑不为意，但读至"一抔之土未干，六尺之孤安在"时，不禁为之动容，急问："谁所为？"臣下答："骆宾王。"她不由感叹道："宰相之过也。人有如此才，而使之流落不偶乎！"[1]

武则天急调三十万大军，以李孝逸为帅，沿运河汴水南下平叛。已攻下润州（治今江苏镇江）的徐敬业闻讯急忙回军，在运河沿线的高邮、淮阴、盱眙布军防守。李

---

[1] 《资治通鉴》卷二〇三。

孝逸猛攻，一举拿下盱眙。接着又顺流而下至高邮，与徐敬业相遇，双方决战于阿溪。初战，唐军失利，唐后军总管苏孝祥率兵五千人，兵败身亡，士兵大半溺死于溪中。唐军改变策略，转用火攻，终于大败叛军，斩敌七千人，溺死无数。徐敬业等溃逃，欲至高丽，但在海陵（今江苏泰州）因风大不得启航，被其部下斩首降唐；同党唐之奇、魏思温等也被捕杀。自九月到十一月，不到五十天，武则天便迅速平定了这场叛乱，海内晏然。

如果说这场叛乱只是一小部分失意官员所为，尚属外患的话，那么武则天改朝换代所面临的心腹之患还远未解决。其一，朝中大臣，特别是一些资深重臣仍然忠于李唐，他们对武则天的支持是有条件、有限度的；其二，李唐宗室对武则天改朝换代本能地强有力地抵触。这两个问题不解决，她还无法实现自己的九五之志。

文明元年（684）年九月改元后，武承嗣建议武则天追赠武氏先祖官爵。裴炎劝谏道："太后母临天下，当示至公，不可私于所亲。独不见吕氏之败乎！"武则天不以为然，说："吕后以权委生者，故及于败。今吾追尊亡者，何伤乎！"裴炎依然不肯，说："事当防微杜渐，不可长耳。"以吕后劝诫武则天，用心已十分明白。徐敬业起兵后，裴炎更进而提出要武则天归政睿宗。他说："皇帝年长，不亲政事，故竖子得以为辞。若太后返政，则不讨自平矣。"这一下彻底激怒了武则天，她以谋反的罪名将裴炎打入狱中。刘景先与凤阁侍郎胡元范等人纷纷上奏称："炎，社稷元臣，有功于国，悉心奉上，天下所知，臣敢明其不反。"武则天道："炎反有端，顾卿不知耳。"刘景先等人仍坚持道："若裴炎为反，则臣等亦反也。"[1]见刘景先诸人如此坚决，武则天又下令将刘景先、胡元范也投入狱中，启用两位主张裴炎谋反的朝臣苏味道、李景谌为相。

不久，武则天斩裴炎，贬刘景先为普州刺史，胡元范流放琼州，曾为裴炎辩解的程务挺也被处死。

一时间，三位首席宰相去了两位，另一位首席宰相刘仁轨素受武则天信任，一

---

① 《资治通鉴》卷二〇三。

直是她的支持者，此时正留守西京长安。在此之前，他就以吕后为例，劝诫武则天，武则天派武承嗣专程到长安向他解释。对裴炎之狱，刘仁轨虽然没有公开表示什么，但他的实际倾向还是十分明显的。当时，郎将姜嗣宗出使到长安，洋洋自得地对刘仁轨说："嗣宗觉裴炎有异于常久矣。"仁轨问："使人觉之邪？"答："然。"对这样一个构陷裴炎的佞臣，刘仁轨的处置十分巧妙，他托姜嗣宗带回一份奏章，武则天打开奏章，其中写道："嗣宗知裴炎反不言。"①武则天对刘仁轨是充分信任的，因此，当场就让人把姜嗣宗拉下绞死。

武则天的另一位干臣刘祎之是北门学士出身，深得其信任，裴炎事件中，他虽然没有表示什么，但对于武则天的改朝换代也是不以为然。垂拱三年（687年）五月，他私下对凤阁舍人贾大隐说："太后既废昏立明，安用临朝称制！不如返政，以安天下之心。"不料，贾大隐将他告发，武则天大怒，对左右道："祎之我所引，乃复叛我！"②遂将他赐死。

朝中重臣如此，李唐宗室更是极力抵御。垂拱四年（688年），武承嗣暗中派人在一方白石上刻下"圣母临人，永昌帝业"八字，派人上献，诡称得自洛水。武则天由此正式加尊号为"圣母神皇"，称"陛下"，并下诏要在年底亲自到洛水拜受此石，要求文武大臣、诸州都督、刺史以及李唐宗室、外戚在此前要汇集洛阳。对这一事件，李氏宗室十分敏感，他们已感觉到"圣母神皇"离武氏代李只有一步之遥，也清楚地意识到了自身的生死存亡危机。他们私下联络，传言武则天要在李氏宗室汇聚之际大开杀戒。唐高祖第十一子韩王李元嘉首谋起兵，他联络了青州刺史、高祖第十四子霍王李元轨，邢州刺史、高祖第十九子鲁王李灵夔，豫州刺史、太宗第八子越王李贞，李贞之子、琅邪王李冲等一批宗室王和外戚，准备共同举兵，进入神都。因有人告发，八月十七日，李冲匆匆发难。但除其父李贞外，诸王未有响应者。武则天轻而易举地平定了宗室王的起兵。尔后，她大开杀戒，数年之间，除自

---

① 《资治通鉴》卷二〇三。
② 《资治通鉴》卷二〇四。

己的子孙外，将高祖、太宗身后的各宗室王几乎杀戮殆尽。

在通向九五之尊的道路上，面对朝中重臣的抵触、宗亲戚属的反抗，武则天必然要寻找属于自己的政治力量，支撑起自己的政治大厦。一方面，她更加依托武承嗣、武三思这些武氏内亲；另一方面，她把眼光转向了低层官员，直接越级超用。她凭借这两种力量，对付朝中重臣与宗亲戚属的抵御。其具体表现则是大开告密之门，实行酷吏政治。

早在垂拱二年（686年），武则天就设立了可以接纳各种文书的铜匦。铜匦有四个入口：东口称"延恩"，供歌功颂德与求官求职一类的表章投入；南口称"招谏"，供指陈朝政得失一类的表章投入；西口称"伸冤"，供鸣冤叫屈一类的表章投入；北口称"通玄"，供汇报天象灾变以及军机秘策一类的表章投入。除此之外，凡告密者可以通过多种途径进行，对声称要告密者，官员们都不得诘问，还要配给驿马，供给五品官的饮食，直送武则天居所。这些人所言中武则天之意，就会授高官厚禄；所言不实，也不予处置。据《资治通鉴》卷二〇三记载，当时的局面是"四方告密者蜂起，人皆重足屏息"。

在这股寒潮中，涌现出了一批备受武则天宠幸的酷吏，诸如索元礼、周兴、来俊臣等人。

索元礼本是胡人，因告密被任命为游击将军，专门负责"制狱"讯囚；周兴本是尚书都事，与万年（今陕西长安）人来俊臣仿效索元礼，陆续被升为秋官侍郎、御史中丞。这些人都豢养数百名无赖之徒，专门以告密为业，要陷害一个人，就命他们多处上告；每审讯一人，一定要牵连出数十乃至上百人方肯罢休。来俊臣还与另一酷吏司刑评事万国俊共同撰写了《告密罗织经》，教导其徒党如何罗织罪状，构陷无辜。更让世人恐怖的是，无论是大小官员，还是平民百姓，只要一落入这些人之手，就是入了鬼门关。他们竞相施用酷刑，仅犯人项上所戴枷具，就有"定百脉""突地吼""死猪愁""求破家""反是实""喘不得""著即承""失魂胆""实同反""求即死"等名目。另外，还设立一些刑名，如：械住犯人手足，要犯人戴枷转动，名之"凤凰晒翅"；用重物系在犯人腰中，要其负枷向前，名之"驴驹拔撅"；要犯人跪在地上，双手捧枷，狱卒往上不断加砖，名之"仙人献果"，如此等等。其他酷刑，更是有过之而无不及。

朝中大臣动辄得罪，人人自危，即便是那些人臣之极的宰相们也一样朝不保夕。

周兴在高宗时代任河阳令，一次，高宗将其召至长安，要加以擢用，有人奏称此人非清流，此事遂作罢。但周兴不知，几次到朝堂等待任命，宰相们谁也不把他放在眼里，也没人告诉他实情如何，只有户部尚书、同平章事魏玄同对他说："周明府可去矣。"周兴偏偏认为是魏玄同妨碍了自己，得势后，即诬奏魏玄同曾言："太后老矣，不若奉嗣君为耐久。"武则天大怒，当即将魏玄同赐死于家。监刑御史房济对魏玄同说："丈人何不告密，冀得召见，可以自直！"魏玄同叹道："人杀鬼杀，亦复何殊，岂能作告密人邪！"①

天授元年（690年）初，宰相韦方质病卧家中，武承嗣、武三思前去探视。当时，此二人势焰中天，宰相们都不敢与之以常礼相见，韦方质却以同僚之礼相见，没有下床答谢。事后，有人劝他不应如此，他说："死生有命，大丈夫安能曲事近戚以求苟免乎！"②不久，他便被周兴构陷，流放儋州（治今海南新英）。

当时，制狱设在洛阳皇城的丽景门内，凡被捕入此狱者，非死不出，酷吏王弘义干脆将丽景门称作"例竟门"。"竟"即尽也，也就是说，进此门者，必尽其命。弄得朝廷内外政治气氛十分紧张。朝中大臣互不交言，不敢往来；每次入朝，都与家人诀别道："未知复相见否？"③

在这样一个政治高压氛围中，武则天可以完全按照自己的意愿来行事了。

天授元年（690年）九月，侍御史傅游艺率关中百姓九百人上表，请改国号为周，赐皇帝姓武氏，武则天不许，但升任傅游艺为给事中。侍御史为从六品，给事中为正五品，这是连升三级。这样一来，从文武百官、皇帝宗戚到远近百姓，甚至四边

① 《资治通鉴》卷二〇四。
② 《资治通鉴》卷二〇四。
③ 《旧唐书·来俊臣传》。

酋长、僧人道士计六万余人上书武则天，请求改朝换代，睿宗皇帝本人也上书请改姓武氏。武则天这才"顺应民意"，改唐为周，自称圣神皇帝，以睿宗为太子，赐姓武氏。一个新的武周王朝就这样"横空出世"了。[①]

三、武周政治之得失

武则天确实拥有高明政治家的才能与手腕。为了达到取李唐皇权而代之的目的，她处心积虑，考虑周全，步骤稳妥，基本实现了最高权力的平稳转移，没有带来剧烈的社会动乱和高昂的社会成本。武则天在皇帝的宝座上，能够巩固政权，把握局势，在治国安邦方面也取得了一些实绩，较之中国皇权史上屡见不鲜的昏庸君主，武则天则是一个雄才大略的女主。

在用人方面，武则天"不惜爵位，以笼四方豪杰自为助，虽妄男子，言有所合，辄不次官之，至不称职，寻亦废诛不少纵，务取实材真贤"[②]。武则天敢用人，也敢杀人。她用人多，杀人也多。为了选拔人才，巩固统治，武则天改进了科举制度，于天授元年（690 年）始，"策问贡人于洛城殿，数日方了，殿前试人自此始"。又于长安二年（702 年），开武举，选拔军事人才，规定"每岁如明经、进士之法，行乡饮酒礼，送于兵部"[③]。为了体现新制，武则天别出心裁，将中央官制的名称统统改过，"改尚书省为文昌台，左右仆射为文昌左右相，吏部为天官，户部为地官，礼部为春官，兵部为夏官，刑部为秋官，工部为冬官。门下省为鸾台，中书省为凤阁，侍中为纳言，中书令为内史"[④]。

武则天执政期间，边疆时有动乱。西突厥攻占了安西四镇，吐蕃也不断沿东北

---

① 参见齐涛主编，马新、齐涛著：《中国政治通史》5，《繁盛中转型的隋唐五代政治》，泰山出版社 2003 年版，第 171—187 页。

② 《新唐书·后妃传上》。

③ 《通典》卷十五《选举三》。

④ 《旧唐书·职官制一》。

方向扩展势力。北边一度臣服的突厥和东北的契丹也屡屡南侵。武则天采取坚决措施，武力捍卫边疆安宁，击退西突厥，恢复了安西四镇，同时在边地设立军镇，常驻军队，并在西域广阔区域内推行屯田，既发展经济，又巩固边防。天授元年（690年）武则天任命娄师德为左金吾将军，兼检校丰州都督，"依旧知营田事"。娄师德主持北方营田十余年，辛劳备至，成效显著。边镇粮食充足，军备整齐，有力地扫除了边患。武则天非常欣慰，颁布诏书，嘉奖娄师德："卿素积忠勤，兼怀武略，朕所以寄之襟要，授以甲兵。自卿受委北陲，总司军任，往还灵、夏，检校屯田，收率既多，京坻遽积。不烦和籴之费，无复转输之艰，两军及北镇兵数年咸得支给。勤劳之诚，久而弥著，览以嘉尚，欣悦良深。"[1]

作为传统农业大国的君主，武则天深知固本兴邦的道理，非常重视发展农业生产，将其作为考核地方官员政绩的主要依据。对于治所之内"田畴垦辟，家有余粮"者，奖励提拔；对于"为政苛滥，户口流移"者，则严加惩处。为了引导地方官员重农固本，鼓励百姓勤于农耕，武则天令人编撰了《兆人本业记》，颁发到各州县，作为官员劝农的参考。在她统治时期，社会比较安定，经济发展比较平稳，户籍人口也有比较大的增长，十余年间，从唐高宗初年的三百八十万户增加到六百一十五万户，平均每年增长百分之九。这在中古时代，是一个非常不错的成绩。《新唐书·后妃传上》说："武后自高宗时挟天子威福，胁制四海，虽逐嗣帝，改国号，然赏罚己出，不假借群臣，僭于上而治于下，故能终天年，阽乱而不亡。"也算是较为公允的评价。[2]

自天授元年（690年）登基称帝到圣历元年（698年）是武则天统治的第三阶段。这九年间，武则天安居帝位，试图解决繁杂纷复的各种问题，造就一个武周盛世。

武则天称帝之初，便积极物色循吏干才，启用了狄仁杰等一批政治人物。狄仁杰本为豫州刺史，被人诬告，先降任复州刺史，又贬洛州司马。天授二年（691年）

---

① 《旧唐书·娄师德传》。

② 参见何晓明著；《中国皇权史》，武汉大学出版社2015年版，第279、280页。

九月，武则天直接将他由洛州司马提为地官侍郎、同平章事，成为宰相。拜任之际，武则天对狄仁杰说："卿在汝南时，甚有善政，欲知谮卿者乎？"汝南为豫州州治所在。狄仁杰答道："陛下以臣为过，臣当改之；陛下明臣无过，臣之幸也。臣不知谮者，并为善友，臣请不知。"武则天听后"深加叹异"①。

狄仁杰所处的政治环境仍然十分险恶。此时，酷吏横行，动辄得罪；而武则天意在建武周天下，对于李唐宗室旧臣多所杀戮。一段时期，人人自危。狄仁杰在这一局面下，仍能力谏武则天，匡正得失，这得益于武则天的信任与他的忠诚，也得益于他高超的政治智慧。

在武则天统治后期，有两大问题是她所关心的：一是立嗣；二是崇佛。一般朝臣对这两个问题不敢妄加议论，只有狄仁杰能以朝政大局为重，适时上谏，也为武则天减少了不少负面影响。

圣历元年（698 年），武承嗣与武三思都加紧了争做太子的步伐，多次让人在武则天处陈述："自古天子未有以异姓为嗣者。"武则天一直犹豫不决，而多数大臣都唯唯诺诺，不敢涉及这一敏感问题。狄仁杰则多次劝武则天仍以自己之子为嗣。他说：

> 文皇帝（即太宗）栉风沐雨，亲冒锋镝，以定天下，传之子孙。大帝（即高宗）以二子托陛下。陛下今乃欲移之他族，无乃非天意乎！且姑侄之与母子孰亲？陛下立子，则千秋万岁后，配食太庙，承继无穷；立侄，则未闻侄为天子而祔姑于庙者也。②

狄仁杰在这里并不是简单地反对立武氏子弟为嗣，那样首先会招致武则天的疑忌与反感。他先以太宗、高宗两位皇帝打动武则天，又站在武则天的角度提出了母子与姑侄孰亲以及无法以姑母身份配享太庙这两个实际问题，起到了预想的效果。

---

① 《旧唐书·狄仁杰传》。
② 《资治通鉴》卷二〇六。

武则天听后并未动怒，只是说："此朕家事！卿勿预知。"但狄仁杰并未就此罢休，而是继续上谏道：

> 王者以四海为家，四海之内，孰非臣妾，何者不为陛下家事！君为元首，臣为股肱，义同一体，况臣备位宰相，岂得不预知乎！①

听到这些，武则天渐渐接受了狄仁杰的看法。过了几天，又问狄仁杰："朕梦大鹦鹉两翼皆折，何也？"狄仁杰乘机陈述道："武者，陛下之姓；两翼，二子也。陛下起二子，则两翼振矣！"②这一解释还是很巧妙得体的。至此武则天打消了立武氏子为嗣的想法。

武则天在治术上重视神道设教，强调佛教政治，世所共知。久视元年（700年），她要修造大佛像，下令天下僧尼每日出一钱，捐助造像。狄仁杰上书规谏道：

> 今之伽蓝，制过宫阙穷奢极壮，画缋尽工，宝珠殚于缀饰，瑰材竭于轮奂。功不使鬼，止在役人，物不天来，终须地出，不损百姓，将何以求！

这是说，虽然表面上只向僧尼征钱，但这些钱实际上还是出自百姓，还是要损及百姓利益。他又说：

> （游僧）皆托佛法，诖误生人；里陌动有经坊，阛阓亦立精舍。化诱倍急，切于官徵；法事所须，严于制敕。

"里陌"，谓乡里村陌；"阛阓"谓城内坊市垣门；"经坊"与"精舍"均指寺庵。在这一层中，狄仁杰又进一步强调了寺庵僧尼向百姓的索取甚至重于官府。他还说：

> 往在江表，像法盛兴，梁武、简文，舍施无限。及三淮沸浪，五岭腾烟。列刹盈衢，无救危亡之祸，缁衣蔽路，岂有勤王之师！

---

① 《资治通鉴》卷二〇六。
② 《资治通鉴》卷二〇六。

这是向武则天指明了佞佛无益国家；在国家危难之际，那些寺庵僧尼从不会解危纾难。他接着说：

> 虽敛僧钱，百未支一。尊容既广，不可露居，覆以百层，尚忧未遍，自余廊庑，不得全无……咸以为如来设教，以慈悲为主，下济群品，应是本心，岂欲劳人，以存虚饰！

狄仁杰又将话题转回到了佛教本身，他告诉武则天，修造佛像只是百未支一，还要为佛像建造庙宇回廊、宝塔等，耗费大量民力，这实际上又违背了佛家以慈悲为怀的本意。最后，狄仁杰又把这一问题与王朝安定连在了一起，他说：

> 当今有事，边境未宁，宜宽征镇之徭，省不急之费。设令雇作，皆以利趋，既失田时，自然弃本。今不树稼，来岁必饥，役在其中，难以取给。况无官助，义无得成，若费官财，又尽人力，一隅有难，将何救之！[①]

话说到此，他完全说服了武则天。武则天说："公教朕为善，何得相违！"[②] 于是取消了修造佛像的诏令。

与此同时，武则天还广开用人之路，多方选用人才。天授元年（690 年）十月，派纳言史务滋等十人为存抚使巡抚各道，选举人才。长寿元年（692 年）正月，武则天接见了各道存抚使推举的全部人员并统统加以任用，高者任为凤阁舍人、给事中，低者也成为员外郎、侍御史、补阙、拾遗、校书郎。当时，民间流传着这样的谣谚："补阙连车载，拾遗平斗量；椎推侍御史，碗脱校书郎。""椎"，音瞿，即四齿杷；"碗脱"，意为出于同一模型，个个如此。有一位举人沈全交又续了两句："糊心存抚使，眯目圣神皇。"不料，被御史纪先知发现，告他诽谤朝政。武则天听后笑道："但使卿辈不滥，何恤人言！宜释其罪。"对于武则天的用人之道，司马光评论道：

---

① 《旧唐书·狄仁杰传》。
② 《资治通鉴》卷二〇七。

太后虽滥以禄位收天下人心，然不称职者，寻亦黜之，或加刑诛。挟刑赏之柄以驾御天下，政由己出，明察善断，故当时英贤亦竞为之用。①

除了选贤用人之外，对于登基以前的酷吏政治，她也有所更改。徐有功、杜景俭是与酷吏们相对立的两位朝官。当时，来俊臣、周兴、索元礼与侯思止等人滥兴冤狱，枉杀无辜，徐、杜两位作为司刑丞则着力平正，减少冤狱。被告者中纷纷相传："遇来、侯必死，遇徐、杜必生。"徐有功升任秋官郎中后，曾极力为遭酷吏构陷的道州刺史李行褒开脱，秋官侍郎周兴遂诬告他释放反因，应斩首。武则天虽未将其斩首，但免去其秋官郎中。天授元年（690 年）武则天登基后，又启用他为侍御史，徐有功恳辞道："臣闻鹿走山林而命悬庖厨，势使之然也。陛下以臣为法官，臣不敢枉陛下法，必死是官矣。"②武则天仍坚持成命，一定要他就任侍御史。

与之相呼应的，是几位酷吏的被杀。天授二年（691 年）初，左金吾大将军丘神勣被诛杀。丘神勣是武则天的心腹酷吏，太子李贤就是他前往巴州杀害的。垂拱四年（688 年），镇压琅邪王李冲起兵后，升任左金吾大将军。此时，被人告发，下狱处死。又有人告周兴与丘神勣通谋，武则天即令来俊臣审理。接到此令时，来俊臣正与周兴一同进食，即问道："囚多不承，当为何法？"周兴答："此甚易耳！取大瓮，以炭四周炙之，令囚入中，何事不承！"来俊臣立即命人取来大瓮，升起炭火，起身对周兴道："有内状推兄，请兄入此瓮！"③"内状"，即内廷之令；"推"，审讯也。不等入瓮，周兴就叩头认罪，结果被流放岭南，途中被仇家所杀。这就是"请君入瓮"的由来。

不久，武则天又杀了另一位酷吏索元礼，其用意不言自明。但长期以来酷吏政治的惯性，加之武则天的政治自信心一直未能建立，在一个相当长的时期内，武周王朝

---

① 《资治通鉴》卷二〇五。
② 《资治通鉴》卷二〇四。
③ 《资治通鉴》卷二〇四。

仍未摆脱酷吏政治的阴影。

　　长寿元年（692年）初，来俊臣等人又罗织了一个弥天大案，他告发狄仁杰、任知古、裴行本三位宰相与司农卿崔宣礼、前文昌左丞卢献、御史中丞魏元忠、潞州刺史李嗣真谋反，一并将他们打入狱中。按惯例，承认谋反者可免死。当时，酷吏侯思止审理魏元忠等人，用尽刑罚，魏元忠坚持不承认，并斥责道："侯思止，汝若须魏元忠头则截取，何必使承反也！"狄仁杰则直接承认。他对审讯他的王德寿说："大周革命，万物惟新，唐室旧臣，甘从诛戮。反是实。"见狄仁杰招认，来俊臣等人对他有所放松，但伪冒他的笔迹写下了《谢死表》，狄仁杰则设法将申冤状夹在绵衣中传出。武则天召见狄仁杰，问："卿承反何也？"亦即你既然有冤屈，为何要承认谋反。狄仁杰回答得很坦率："不承，则已死于拷掠矣。"武则天又问："何为作《谢死表》？"狄仁杰答："无之。"①这时，武则天已知其中有假。因此，尽管来俊臣与武承嗣力主杀狄仁杰等人，但武则天还是只将他们贬官、流放了事。

　　此后，酷吏们所制造的冤狱仍接踵而至。在长期的酷吏政治阴影中，造就了形形色色被扭曲了的政治人物，他们既非狄仁杰、魏元忠之类，也不是周兴、来俊臣之流，但其政治表现却成为一种趋势，反映了政治空气中那些共性的内容。

　　在前面狄仁杰一案中，司农卿崔宣礼也免死被贬为夷陵令，其外甥霍献可时为侍御史，主动要求武则天杀其舅父。他恳奏道："陛下不杀崔宣礼，臣请殒命于前。"②说毕，他果真以头撞向殿阶，血流满面。当然，武则天没有因这样一位"大义灭亲"的臣子而杀崔宣礼，这位"大义灭亲"者也没有因其舅父不死而真的以死相请，只是用醒目的绿绢裹住头上的伤，在上朝时总是故意露出这一"忠心"的标志。

　　还有一类政治人物可能更为普遍。武则天时宰相苏味道前后为相数年，他公开讲："处事不宜明白，但模棱持两端可矣。"③被时人称为"苏模棱"。还有一位宰相娄

----

① 《资治通鉴》卷二〇五。
② 《资治通鉴》卷二〇五。
③ 《资治通鉴》卷二〇六。

师德也是同类人物。一次，他与同居相位的李昭德一道入朝，因身体肥胖，行走迟缓，李昭德一次次停下来等他，于是怒骂道："田舍夫！"娄师德听后缓缓笑道："师德不为田舍夫，谁当为之！"其弟新任代州刺史，行前，师德问："吾备位宰相，汝复为州牧，荣宠过盛，人所疾也，将何以自免？"其弟答道："自今虽有人唾某面，某拭之而已，庶不为兄忧。"不料，师德对此并不满意，他告诫道："此所以为吾忧也！人唾汝面，怒汝也；汝拭之，乃逆其意，所以重其怒。夫唾，不拭自干，当笑而受之。"①

当然，这一时期的酷吏政治毕竟缓和了许多，陷入罪网的大臣们往往可以保全性命，或被贬逐后再受启用；继周兴、索元礼后，那些著名的酷吏侯思止、王弘义等人也陆续被送上了断头台。

武则天时代酷吏政治的终结标志是神功元年（697年）来俊臣的被诛。来俊臣先是被贬为同州参军，后又回到东都，任合宫县尉，合宫即东都河南县；神功元年初，因告发箕州刺史刘思礼谋反有功，被任用为司仆少卿。他又开始罗织罪名制造冤狱，先是诬告宰相李昭德谋反，接着又罗织罪状，准备诬告武氏诸王、太平公主；又要诬告中宗李显与南北衙（南衙是指中央百官与首都卫军，北衙是指北门禁军）同反。结果，这年六月，自己先被人告发，武氏诸王与太平公主群起而攻之，武则天只好将他诛除，同时被处死的还有被来俊臣诬陷的李昭德。

来俊臣死后，武则天与臣下有一段对话，对酷吏政治作了一个了断。她问侍臣：

> 顷者周兴、来俊臣按狱，多连引朝臣，云其谋反；国有常法，朕安敢违！中间疑其不实，使近臣就狱引问，得其手状，皆自承服，朕不以为疑。自兴、俊臣死，不复闻有反者，然则前死者不有冤邪？

夏官侍郎姚崇答道：

---

① 《资治通鉴》卷二〇五。

　　自垂拱以来坐谋反死者，率皆兴等罗织，自以为功。陛下使近臣问之，近臣亦不自保，何敢动摇！所问者若有翻覆，惧遭惨毒，不若速死。赖天启圣心，兴等伏诛，臣以百口为陛下保，自今内外之臣无复反者；若微有实状，臣请受知而不告之罪。

武则天听到这里，顺势下了台阶：

　　向时宰相皆顺成其事，陷朕为淫刑之主；闻卿所言，深合朕心。①

　　不管酷吏政治的罪魁是谁，武则天此时真的要改弦更张、放弃酷吏政治了。此后，狄仁杰、杜景俭同时入相，魏元忠、桓彦范、徐有功、张柬之、宋璟、姚崇等一批循吏也占据了重要位置，一些冤案也陆续被昭雪。

　　对于神功元年的这场政治转换，史家们多认为是武则天地位巩固后的必然结果，但除此之外，应该还有另外一个更深层的原因，即太子问题，亦即国统问题的明朗化。

　　武则天最初的政治目标是建立一个新的武氏王朝，而实现这一目标要面临着原有的李唐势力以及千百年习惯势力的巨大对立，在这种情况下，武则天并不自信，自然要采用恐怖的酷吏政治。神功元年酷吏政治的结束，并不是她政治自信的增强，而是她面对种种无法解决的矛盾而作出的无奈妥协，实际上是放弃了原有的政治目标，要还政于李氏。在这种情况下，她回归了自我，其政治气氛自然也发生了相应的变化。

　　武则天要还政李氏，是她政治生涯的一大转折。自此，进入了她政治生涯的最后一个阶段。

　　还政只是一种准备，而且也不是大张旗鼓进行的。武则天只是放弃了立武氏子弟为太子的打算，改立李显为太子，但她本人并不想马上移政于这位复立的太子。

―――――――――――

① 《资治通鉴》卷二〇六。

她还要牢牢地驾御着唐王朝这艘巨大无比的船舶，不肯让任何人染指她辛苦经营了大半生的政治权力。她以七八十岁的高龄，仍在进行着不懈的政治努力。

圣历元年（698年）三月，武则天称多年前被贬在房州（治今湖北房县）的庐陵王李显有疾，派职方员外郎徐彦伯至房州，接李显及其家人至洛阳养病。半年后，正式将其立为太子。

李氏复立，与诸武的矛盾凸现。宰相吉顼被贬，辞行之时，向武则天恳言道："宗室、外戚各当其分，则天下安。今太子已立而外戚犹为王，此陛下驱之使他日必争，两不得安也。"武则天深有感触地答道："朕亦知之。然业已如是，不可如何。"①尽管如此，她还是试图弥合两者间的恩怨，希望他们能相安无事。因此，她先是赐太子姓武，又命太子李显、相王李旦以及太平公主与武氏诸子侄在明堂盟誓，其誓文不但铭刻铁券，还藏之史馆。

与之同时，武则天又尽力营造一个较为宽松的政治气氛，一方面是放宽言路，令下情上达；另一方面则是对前一时期的种种政治作为进行匡补与调整。

长安元年（701年）到长安二年，平民苏安恒两次上书，请武则天让位太子，还政李氏。

第一次上书后，武则天召见，赐食。上书说：

> 陛下钦先圣之顾托，受嗣子之推让，敬天顺人，二十年矣。岂不闻帝舜褰裳，周公复辟！舜之于禹，事只族亲；旦与成王，不离叔父。族亲何如子之爱，叔父何如母之恩？今太子孝敬是崇，春秋既壮，若使统临宸极，何异陛下之身！陛下年德既尊，宝位将倦，机务烦重，浩荡心神，何不禅位东宫，自怡圣体！自昔理天下者，不见二姓而俱王也。当今梁、定、河内、建昌诸王，承陛下之荫覆，并得封王；臣谓千秋万岁之后，于事非便，臣请黜为公侯，任以闲简。臣又闻陛下有二十余孙，今无尺寸之封，此非长久之计也；臣请分土而王

---

① 《资治通鉴》卷二〇六。

之，择立师傅，教其孝敬之道，以夹辅周室，屏藩皇家，斯为美矣。①

第二次上书内容简直就是翻版的《讨武曌檄》，其中写道：

> 臣闻天下者，神尧、文武之天下也，陛下虽居正统，实因唐氏旧基。当今太子追回，年德俱盛，陛下贪其宝位而忘母子深恩，将何圣颜以见唐家宗庙，将何诰命以谒大帝坟陵？陛下何故日夜积忧，不知钟鸣漏尽！臣恩以为天意人事，还归李家。陛下虽安天位，殊不知物极则反，器满则倾。臣何惜一朝之命而不安万乘之国哉！②

若是在两三年前，这样的上书一定会招致灭门之祸，不知又要殃及多少无辜。但这次上书并没有让武则天动怒，《资治通鉴》对此也只平静地记上一笔："太后亦不之罪。"③

政治空气之转换，由此可见一斑。

除此之外，武则天对以往政治的匡正也全面展开。长安二年（702年），她下诏为来俊臣等酷吏所制造的冤狱平反；不久，又开始启用被连坐者；神龙元年（705年），下诏赦免除反逆首领外的所有被治罪者。她对其他一些不合情理的规定也进行了清除，比如，武则天崇佛，曾禁天下屠杀及捕鱼虾，至此时也全部解禁。

尽管如此，武则天对朝权仍是牢牢地把握住，不肯让出分毫。但此时的武则天毕竟老了，迎回李显为太子时，她已七十五岁，自此到她退位的神龙元年（705年），历时七年。也就是说，这一时期的朝廷政治掌握在一位七十五到八十二岁的政治老妪之手，许多政治矛盾与政治斗争都与此有密切的关系。

年事已高，又处于权力的巅峰，多年的权力之争与酷吏政治又使亲情、人情都远她而去，生活之孤独、心境之凄凉可想而知。万岁通天二年（697年），也就是武

---

① 《资治通鉴》卷二〇七。
② 《资治通鉴》卷二〇七。
③ 《资治通鉴》卷二〇七。

则天七十三岁时，太平公主为她物色了一位男宠张昌宗。此人年少貌美，通音律，很快便成为继薛怀义、沈南璆之后武则天的新男宠。不久，张昌宗又把他的兄长张易之也拉进宫中。张氏兄弟二人竭尽奉迎之能事，深得武则天欢心。这兄弟二人实际上是武则天排解孤苦的"小丑"，并非旧史家所称之"面首"。比如，在宫中，张昌宗常身着羽衣，乘木鹤吹笙，模仿登天成仙的王子晋，文人学士们则赋诗颂扬；武则天还常常让他俩作陪，饮宴博戏，嘲谑调笑。

二张进宫之初，武则天也并非想让他们干预朝政，在他们与朝臣之间发生冲突时，她往往还倾向于朝臣。一次，武则天设宴宫中，张易之不但将商人宋霸子数人引至宴上，而且还放浪博弈，宰相韦安石当即奏称："商贾贱类，不应得预此会。"[①]命左右将其逐出。武则天不仅不加罪，而且还勉慰一番。但为时不久，武则天在政事上却开始依赖二张。

当武则天之孙、太子李显的长子李重润，孙女永泰公主与孙女婿魏王武延基数人暗中抨击此事时，张昌宗到武则天那儿哭诉，武则天毫不留情地将他们全部杖杀。

武则天在政事上让二张染指，应当有两点原因：一是她知道朝中重臣几乎都主张还政李氏，尽管她本人也接受了这一现实，但还政于李氏与她目前对权力的把握又是一对矛盾，从这个意义上讲，对朝中重臣她不能完全放心；二是随着她年事益高，对于朝中之事多无力直接过问，而碍于礼制，大臣们又不可能常到宫中来向她禀示政务。在这种情况下，二张就成为她控制朝政的提线木偶，通过二张将她和朝政、朝臣联系起来。

不过，张昌宗、张易之兄弟不甘心只做提线木偶，他们也借机营造自己的势力，把持朝政，作威作福。在这种情况下，他们与朝中重臣的冲突便难以避免。

对于朝臣与二张之间的冲突，武则天最初是明显地偏袒二张，惩治朝臣。如长安三年（703年），魏元忠、张说等人就因为得罪二张，分别被贬为高要尉和流放岭表。到最后二年间，武则天虽然仍偏袒二张，但已缓和了许多。如长安四年，一些

---

① 《资治通鉴》卷二〇七。

朝臣以张昌宗兄弟强买人田及受贿，将他们一并拘押，武则天只是赦其罪，未惩治朝臣。此后不久，张昌宗引术士占相被告发，御史中丞宋璟等人又将他押入狱中，并坚持要处死。武则天三次要派宋璟外出，宋璟都不肯，坚持要审讯张昌宗，武则天只好同意。但张昌宗被押到御史台尚未审讯完毕，武则天便派中使宣布赦令将其带回，又让张昌宗到宋璟处谢罪，宋璟拒不肯见。这两件事反映了一个重要信息，即武则天对重臣们的妥协与失控。

长安四年（704年）末，武则天病重，数月不见宰臣，只有张易之、张昌宗兄弟在其身旁。朝中大臣们人人自危，多数人都在担心二张兄弟借机行生杀大权甚至谋反；而宫中的武则天也失去了对朝政的控制，无力施加什么影响。次年（705年）正月初，宰相张柬之与桓彦范、崔玄暐、敬晖、袁恕己等人联合禁军将领冲入宫中，杀二张及其党羽；次日，以武则天名义颁《命皇太子监国制》；第三天，武则天下诏传位太子；第四天，李显复位，政变成功。统治唐王朝长达四十年的武则天从此永远退出了政治舞台。[1]

武则天实际上是被兵谏逼宫退位的。

尽管被废黜后中宗为她上尊号"则天大圣皇帝"，而且每十天一去请安，但失去权力的痛苦是这位八十二岁的政治老人所无法承受的。当年十一月初二，武则天便病逝于上阳宫的仙居殿，遗制："祔庙、归陵，令去帝号，称则天大圣皇后。其王、萧二家及褚遂良、韩瑗等子孙亲属当时缘累者，咸令复业。"[2]也就是说，武则天临终前，将中宗李显、相王李旦、太平公主及武三思等人全部召至身边，向他们交代了后事，留下了一份完整的遗制。其主要内容有三：一是去帝号，什么天册金轮皇帝等等，一律去掉，只称则天大圣皇后就行了。二是要归葬乾陵，与自己的亡夫唐高宗李治合葬在一起，以李氏先妣的礼制归葬。她最终还是自我承认是李家媳妇，可

---

① 参见齐涛主编，马新、齐涛著：《中国政治通史》5，《繁盛中转型的隋唐五代政治》，泰山出版社2003年版，第187—199页。

② 《旧唐书·则天纪》。

以接受永远做李家媳妇。三是将过去对手王皇后、萧淑妃以及褚遂良、韩瑗、柳奭的尸骨重新埋葬，并赦免这些人的亲属，特别是让王皇后、萧淑妃的亲族恢复本姓，表示对当年的情敌和协助情敌反对她的人及其亲属一笑泯恩仇。另有史载，称武则天临终遗制中还有一条，即给自己立一块无字碑，给后人永远留下了一个谜一样的话题。

第四章　唐明皇施政之得失

开元前期，唐玄宗对朝廷弊政进行了全面的整顿与改革。他整顿吏治，抑制豪强大族，重视发展农业生产，大规模兴修水利工程。农业的繁荣，带动了手工业、商业、交通及城市经济的繁荣。丝织、陶瓷、造船等工业在原来的基础上也都有了突破性的发展，像唐三彩已成为唐代繁盛的典型代表。全国大中小城市星罗棋布，长安、洛阳、扬州、成都、广州颇为富庶，各地经济互通有无，贸易繁荣，交通便利。当时以长安为中心，形成四通八达的几条重要交通干线，要道上设立了一千六百三十九所驿站。陆驿备马，水驿备船。这是专供官方所用，招待商旅则另有私人开设的客店。南至荆襄，北达太原、范阳，西抵蜀川、凉府，皆备店肆，以供商旅，远出数千里，不持寸刀，社会秩序稳定，一片太平。文化事业欣欣向荣，著名诗人高适、岑参、王维、李白、杜甫都生活在这个时期，盛唐诗歌流派众多，争相辉映。音乐、绘画、雕刻等艺术也有突出成就，颇有盛唐气象。开元期间唐国力十分强盛，先后击退契丹、吐蕃等周边少数民族的侵扰，收复了东北营州等十三州土地，重新打通"丝绸之路"，巩固了边疆安定，也保证了唐朝和中亚、西亚的交通通畅，使唐王朝声名远播。

一、后武则天时代的政治间歇

武则天离开帝位，使唐王朝出现了一个政治真空，其强大的政治权威，一时无人能够代替。中宗李显即位后，朝野大失所望。这位二度君王对刚刚走出武周历史的李唐王朝似乎没有多少想法，更没有什么除旧布新、再造盛世的雄心，而是一任朝中种种势力龙腾虎跃、激烈角逐。韦后、安乐公主、太平公主以及诸武都是这一时期政治舞台上的活跃人物，因此，这一时期可以说是"后武则天时代的政治间歇"。

这一时代持续了八年之久，权力角逐主要在两大政治集团之间进行。一方是以皇后韦氏为首的包括武三思、上官婉儿以及安乐公主在内的政治集团。他们以武氏势力为依托，迅速取得了实际的朝政控制权，中宗对他们完全是听之任之。这个集团中，韦皇后一心要步武则天后尘，安乐公主也处心积虑地要染指最高权力，个个用心不凡。另一方是以太平公主为首的包括相王李旦、李旦之子李隆基等人在内的政治集团，他们不满韦后集团的擅权，在宫廷内外与之展开了激烈的角逐。

韦后与中宗可以说是患难夫妻。武则天时代，中宗被幽禁房陵（治今湖北房县），韦后始终相伴。中宗性情懦弱，每次听到其母后派敕使来，便惶恐不安，想要自杀，都是韦后劝阻道："祸福无常，宁失一死，何遽如是！"所以，中宗对于韦后既依赖又感激，曾说："异时幸复见天日，当惟卿所欲，不相禁制。"[1] 即位之后，果然践诺，朝政大权，一任韦后所为。每次上朝，韦后都在殿上设帷帐，自己坐在帐后听政。

韦后与中宗有一子二女，子重润，早死。次女安乐公主生于中宗被贬房陵的途中，备受宠爱。她在中宗由房陵返京后，嫁给武三思之子武崇训。武则天时的宠侍上官婉儿此时也成为中宗的婕妤，专掌制命，她与武三思有着说不清的关系。这样，韦后、安乐公主、上官婉儿以及武三思并诸武氏戚属便成为新的势力集团。

对于韦后干政、武三思继续得到重用的状况，剪除张易之兄弟、拥中宗即位的

---

[1] 《资治通鉴》卷二○八。

五位重臣张柬之、桓彦范等人都极力反对。桓彦范在上书中直接称："臣窃观自古帝王，未有与妇人共政而不破国亡身者也。"张柬之甚至公开劝唐中宗诛除武氏。对于这几位大臣，武三思当然必欲除之而后快。神龙元年（705 年），他便与韦后、中宗谋划，将张柬之、桓彦范、敬晖、袁恕己、崔玄暐封王，罢朝中实职，明升暗降。凡不肯依附武氏者，一概罢斥，被张柬之等五王所贬逐者则召回复用。不到一年，五王又分别被罢为外州刺史，不久又被贬为司马。神龙二年（706 年）七月，武三思暗中派人写下皇后韦氏丑行，并请皇上废黜之，张贴于长安天津桥。中宗命御史大夫李承嘉查办此事，李承嘉秉武三思之意，遂嫁祸于五王。他们直接上奏道："敬晖、桓彦范、张柬之、袁恕己、崔玄暐使人为之，虽云废后，实谋大逆，请族诛之。"[①]于是，拥立中宗的五王一一被流放边地，随即均死于非命。

一时间，朝中似乎成了韦、武政治集团的一统天下。武三思公然宣称："我不知代间何者谓之善人，何者谓之恶人；但于我善者则为善人，于我恶者则为恶人耳。"[②]兵部尚书宗楚客、太府卿纪处讷等五位大臣成为他在朝中的耳目，时人称之为"五狗"。在武三思的坚持下，中宗又开始恢复武则天时的许多名物制度，而且申明自己即位，不是中兴，而是顺延武则天之余绪，并要求臣下奏事不得言"中兴"。

韦后与安乐公主等人，也是卖官鬻爵，干预朝政。安乐公主常常自拟敕文，掩住内容，要中宗签署，中宗总是笑而从之。安乐公主还请中宗废太子重俊，立她为皇太女。重俊是后宫其他嫔妃所生，韦后与安乐公主对其极为嫉恨；尤其是安乐公主与驸马武崇训经常凌辱太子，甚至有时直接呼叱为"奴"。景龙元年（707 年）七月，太子李重俊与左羽林大将军李多祚等人发动兵变，杀武三思、武崇训，但在进攻皇城时失利，重俊在逃往终南山的途中被杀。

少子重茂被立为太子。

武三思之死，并未影响到这一政治集团的势力，从韦后、安乐公主到这一集团

---

① 《资治通鉴》卷二〇八。
② 《资治通鉴》卷二〇八。

中的其他人物，在宫中、朝中这两大名利场上更加变本加厉。他们并没有明确的政治目标与政治作为，他们所需要的不仅仅是权力与地位，而且是无休无止的贪欲。他们为一己之私，不惜毁坏朝纲，不顾及最基本的家国利益，李唐王朝的兴衰命运似乎都与他们无关。韦皇后以中宗懦弱，便肆无忌惮，直接干政，安插戚属亲信。其宗亲戚属韦捷、韦灌均娶中宗女，为驸马都尉；韦璿为卫尉卿，韦铸为左千牛中郎将，韦播为长安令，高嵩为郎将，这些人实际上控制了京城宿卫。她的目标是仿效武则天，直接登基称帝。

韦后、安乐公主在政治上用力最多者除选用亲附外，就是卖官鬻爵，以致当时官场乌烟瘴气，"斜封官"盛行。所谓"斜封"，即不由正常程序或正式敕旨，直接由妃、公主于侧门降墨敕，斜封付中书授官。当时，不论是平民百姓，还是屠夫贩隶，只要奉上三十万钱，就能得官。《资治通鉴》卷二〇九说："其员外、同正、试、摄、检校、判、知官凡数千人。西京、东都各置两吏部侍郎，为四铨，选者岁数万人。"因冗官过滥，当时人甚至总结出"三无坐处"，即宰相无坐处，御史无坐处，员外官无坐处。

如此"为政"之余，他们还大开骄奢之风，几近疯狂地侵吞王朝与百姓利益。安乐公主曾向中宗索要昆明池，中宗不允，遂掠夺民田，凿为湖池，方圆四十九里，直抵南山。湖中积石累岩，曲水成瀑，极尽靡丽。为表示已胜过她未能得到的昆明池，特命名此池为"定昆池"。长宁公主、上官倢伃、皇后之妹邸国夫人、上官之母沛国夫人以及后宫中的众多依附者，也纷纷仿效，在宫外建第筑宅，出入无节，互相比拟，其精致豪华往往胜过宫中。

当然，此时的朝中还不是他们的一统天下，就在他们诛杀五王、穷奢极欲之时，太平公主与相王李旦的势力也在逐渐壮大。太平公主是武则天之女，性情为人，颇类其母，武则天时代即多参与朝政；相王李旦是武则天第四子、中宗李显之弟，武则天将中宗李显罢为庐陵王后，立李旦为睿宗，后又废李旦自立，封其为皇嗣。圣历元年（698 年），李显自房陵被召还后，李旦执意让位于李显，武则天遂立李显为太子，封李旦为相王。相王李旦天性恭谨，对皇位与权力兴趣索然，但他的三子李隆基却是青年才俊，胸有大志。他暗中交接羽林将领，发展自己的势力。

太平公主与相王父子此时已成为韦后集团完全控制朝政的最大障碍。韦后也多次使人奏告他们谋反，太子重俊被诛后，韦后与安乐公主又派侍御史冉祖雍诬告相王与太平公主通谋。中宗召御史中丞萧至忠，令他审理此事。萧至忠涕泣劝道：

> 陛下富有四海，不能容一弟一妹，而使人罗织害之乎！相王昔为皇嗣，固请于则天，以天下让陛下，累日不食，此海内所知。奈何以祖雍一言而疑之！ ①

中宗生性柔懦，听了此言，也便作罢。

景云元年（710年）六月初二日，唐中宗突然离世，正史与《资治通鉴》都认为是中毒身亡，而且投毒者是韦后与安乐公主。这一说法可以存疑。因为很多正史也是胜王败寇，免不了历史是由政治斗争的胜利者任意书写的规则。不过有一点是肯定的，即中宗的离世使朝中权力之争迅速白热化。韦后先是秘不发丧，安排诸韦率兵分屯要地后，方对外宣布中宗死讯；接着，韦后立中宗第四子、十六岁的温王李重茂为帝，自己以皇太后的身份临朝听政：又以韦温总知内外守军兵马事。太平公主极力主张以相王辅政，未成，李旦只被授予太子太师的虚衔，其他要职都被韦后一党占据。

韦氏戚属党羽并不以此为满足，他们仍在谋划除去李旦与太平公主之计，宗楚客等人则直接劝韦后仿效则天，废重茂，建新朝，自立为帝。太平公主则与李隆基联络羽林军中的下层将领陈玄礼、葛福顺等人发动兵变。他们以诛韦氏、复兴李唐为号召，得到羽林军的广泛响应，一夜之间，尽诛诸韦及其党羽，拥立相王李旦为帝。当时，宦官令刘幽求正陪侍少帝重茂在太极殿守灵。太平公主直接对少帝等人说："皇帝欲以此位让叔父，可乎？"不待少帝回答，她便将这位侄儿从御座上拉了下来，并说："天下之心已归相王，此非儿座。" ②

---

① 《资治通鉴》卷二〇八。
② 《资治通鉴》卷二〇九。

　　李旦即位，仍用睿宗之号，自然要大行封拜。李隆基虽非长子，但以废立之功被立为太子，其属下也纷纷得到升迁；太平公主诸子或封王或为将军，也极一时荣华。李旦虽登基为帝，依然无心专权，凡事多委于太平公主与太子隆基，每次宰相们奏事，他便问："尝与太平议否？"又问："与三郎议否？""三郎"，即李隆基。若已与此二人商议，他马上准奏。尤其对太平公主，更是言听计从，其有任何要求，李旦都完全满足。每次到宫中或朝中，李旦都与她计议大政；不来时，则派宰相到其府中咨询。这样一来，太平公主与李隆基之间却矛盾凸显。其时公主权势炽热，为了久固其权，她便处心积虑地要废李隆基，另立懦弱者为太子，以便于控制。这必然与雄心勃勃的李隆基发生激烈冲突。

　　此时朝中宰相有宋璟、姚崇、张说、郭元振等人，面对如此状况，多感左右为难。景云二年（711年）初，宋璟与姚崇建议将太平公主移往外地，将李隆基之兄宋王李守礼等人放为外州刺史；张说则建议让太子隆基监国，目的都是为了减少太平公主一党对太子之位的摇撼，以稳定政局。李旦接受了这些建议，太平公主被移往蒲州（治今山西蒲州）安置。

　　太平公主自然不会就此罢休。她虽然被移往蒲州，但还是来找李隆基兴师问罪。李隆基此时羽翼未满，对这位势焰熏天的姑母仍畏惧三分，为了自保，便把宋璟、姚崇抛了出来，上奏称此二人离间姑、兄，请处极刑。到李旦那儿，二人极刑便被免了，但分别被贬为楚州刺史与申州刺史。李隆基又奏请将太平公主迎回京师。尽管如此，太平公主并不释怨，依然对李隆基步步紧逼。姚崇、宋璟去后，几位新任宰相如窦怀贞、崔湜等都是太平公主一党。对于睿宗李旦而言，一边是嫡亲兄妹，一边是嫡亲父子，让他左右为难，干脆想一让了之，因此，他多次提及要传位太子。至先天元年（712年）七月，他不顾太平公主的劝阻及李隆基的辞避，下诏传位太子，自己为太上皇。

　　李隆基即位，是为唐玄宗，但太平公主势力并未受挫。当时，朝中七位宰相，五出其门；文武大臣，大半附之；而且左羽林大将军常元楷、知右羽林将军事李慈、左金吾将军李钦等掌军人物也都是其死党。李隆基虽贵为皇帝，但对于太平公主而言，易之如反掌。玄宗即位的当月，新任宰相刘幽求秘密向其上奏，建议早除窦怀贞、崔湜等人。但此事不慎泄露，玄宗当即拿出刘幽求的奏章，将其收入狱中，又流放封州（治今广西封开）。此时玄宗之无奈可见一斑。

至第二年七月，玄宗在进行了充分的准备后，方与郭元振、高力士等人密谋诛除太平公主一党。玄宗不敢动用其他力量，派曾为其家奴的龙武将军王毛仲借取闲散战马及三百兵士，悄悄进入皇城。又召左羽林大将军常元楷、知右羽林将军事李慈，使王毛仲斩杀之，断了太平公主一党与羽林军的联系。然后，才放心地将太平公主党羽收捕诛杀。太平公主先逃入山寺，三天后被逼出，赐死于家中。以此为契机，唐代皇权进入了玄宗时代。

唐玄宗虽然独揽了朝政，但朝内朝外仍然危机四伏。太平公主积数十年之力，经营朝中权力，此前宰相七人，五人出自她的门下，其他官员自不待言。玄宗虽然依靠禁军力量，发动宫廷政变，翦除了太平公主，但其党羽仍需继续清除，玄宗本人也急需选用干臣能吏辅佐国政。更为严重的是，自中宗复位到玄宗执政，宫廷一直处在激烈的内争之中，内争中的各方为了寻求支持，无不大开封赏之门，致使官员日多，食封者日多，而真正的国计民生问题却又无人顾及。因此，经济形势出现了危机，可谓百废待兴。①

二、李隆基与开元盛世

封建时代的"治世"无不以政局安定为前提，而政局安定的关键又在于皇权之巩固。开元时期，前后二十九年，唐玄宗汲取往昔政局动荡的教训，采取种种措施，竭力维护和巩固皇权，这为"开元之治"奠定了坚实基础。

开元前期，大约十年，唐玄宗求治心切，重用贤相姚崇和宋璟等人，求谏纳谏，

---

① 参见齐涛主编，马新、齐涛著：《中国政治通史》5，《繁盛中转型的隋唐五代政治》，泰山出版社2003年版，第201—207页。

革除弊政，抑制奢靡，取得了所谓"贞观之风，一朝复振"的业绩，这是"开元之治"的最好时期。

自武周统治结束以后，重新建立的李唐政权应该奉行什么样的治国方略呢？有识之士提出了"依贞观故事"的主张。但是，唐中宗、睿宗都没有做到，只是唐玄宗亲政后才切实地真正加以实施。

唐玄宗在位四十三年。从开元元年至二十四年（713—736年），唐玄宗还称得上是一位励精图治的皇帝，曾表现出卓越的政治才能与不凡的治理业绩。中宗、睿宗时，政治昏暗，弊端丛生。唐玄宗时，拨乱反正，先后选用干练正直的姚崇、宋璟、张嘉贞、张说、李元纮、杜暹、韩休、张九龄等人为宰相，这些人各有所长，都能直言谏诤，补救政缺。玄宗亦有乃祖唐太宗虚怀讷谏之遗风，懂得纳谏的重要意义，在姚崇等人的辅佐下，针对当时的弊政，进行了一系列改革。

第一，裁汰冗官，整饬吏治。中宗时，韦后及安乐公主等人把持朝政，又大肆卖官，政出多门，"虽屠沽臧获，用钱三十万，则别降墨敕除官"，时人谓之"斜封官"，以致滥置的员外、同正、试、摄、检校、判、知等官多达数千人。"斜封官"素质较低，而"台寺之内朱紫盈满"①，冗员充斥，吏治腐败到了极点，同时也造成国家开支的大大增加。唐玄宗即位后，着手大力裁减冗官，"大革奸滥，十去其九"②，又停废闲散诸司、监、署十余所，精简了庞大的官僚机构。按照唐制，皇帝只过问五品以上官员的选任，六品以下官吏的选任，则由吏部负责。"斜封官"系皇帝别降墨敕，显然与正常途径的选官程序不符，因而"斜封官"的废止意味着正常选官制度的恢复。在此基础上，唐玄宗比较严格地控制官吏的铨选，强调以功以才授官。开元四年（716年），玄宗对吏部选用的县令亲自加以复试，结果有四十五人因不合格而被淘汰。

在整饬吏治的同时，唐玄宗还恢复了谏官史官议政制度，改革政事堂制度，调

① 《资治通鉴》卷二〇九。
② 《通典》卷十九《职官一》。

整地方行政机构，改革科举的考试内容，严禁苛法与滥刑，修改、删辑律令格式，编修《唐六典》等，对政治多有厘革，表现出了一个封建政治家的气魄和治理才干。

第二，抑制食封贵族。唐初规定，凡食封的贵族，国家按照食实封的户数把课户拨给封家，租调由封家征收。自唐中宗以后，食封制的弊端日益突出。高祖、太宗时，食实封者不过二三十家；而中宗时，食实封的增至一百四十家以上，封户多的达万户，遍布五十四个州。唐初规定，"凡封户，三丁以上为率"；而中宗时，相王、太平公主、安乐公主、长宁公主四人的封户皆"以七丁为限"。据统计，太宗时代四十六位功臣的封丁共九万九千九百人，而相王、太平公主等四人的封丁之和竟达十九万二千五百人，竟比四十六位功臣的封丁总和多一倍以上。总计唐中宗时，全国封丁达六十余万人[①]，这样就使政府的一大部分租调被私家侵吞。中宗时，一百四十家封家每年收入庸调绢一百二十多万匹，比唐政府庸调绢收入最多时的一百万匹还要多。不仅如此，封家派官吏或奴仆到地方上征收租调，还对封户百般勒索，多取财物，有的还用租调作买卖，放高利贷。因此，当时封户所受的剥削更重，多破产逃亡，"百姓著封户者，甚于征行"。唐玄宗即位后，于开元三年（715年）规定：封家的租调由国家统一征收，送于京师，封家在京城领取。在征收租调时，封家不准到封地催索，并禁止放高利贷。以后又规定，凡子孙承袭实封的，户数减十分之二。

唐玄宗对食封贵族的抑制，具有重要的历史意义。

西汉武帝为加强中央集权而对食邑制度进行了改革，取消了诸侯王对土地的直接占有和治民的权力，从而使食邑制度不再成为孕育割据势力的土壤；而唐代的食封制度乃是"裂土封国、共享天下"的一种遗绪，唐玄宗对食封制度的改革，则使食封制度纳入国家赋税的轨道，它不仅有利于改善国家财政状况，而且对进一步加强中央集权也是十分有益的。

第三，抑制佛教势力，扩大税收来源。南北朝以来，佛教势力有非常大的发展，特别是武则天曾利用佛教为改朝换代制造舆论，佛教几乎成了武周时期的国教，修

---

① 《旧唐书·韦嗣立传》。

建了很多佛寺，许多人出家为僧。中宗、韦皇后也大肆崇佛，广营佛寺，佛教势力继续发展。"贵戚争营佛寺，奏度人为僧，兼以伪妄；富户强丁多削发以避徭役，所在充满"①，十分天下之财而佛有七八，全国的僧尼人数膨胀到数十万。僧尼不服役纳税，建寺造像又是绝大的浪费，所谓"夺百姓口中之食以养贪残，剥万人体上之衣以涂土木"②。佛教势力的迅猛发展给封建国家造成很大危机，给民众带来了很大痛苦。开元二年（714年），唐玄宗接受姚崇的建议，下令裁汰僧尼，强迫一万二千僧侣还俗。同年下令，所在不得创建佛寺，并禁止民间铸佛像和抄写佛经。这些措施，使武周以来滥兴佛寺、广度僧尼的风气得以扭转，抑制了佛教势力的发展，对改善国家财政状况具有明显的积极作用。

第四，重视农业生产，改革漕运，大兴屯田。武则天时，均田制已开始遭到破坏，土地兼并和农民逃亡现象日益严重。开元九年（721年），玄宗派宇文融为劝农使到各地检括逃户和籍外田，经过几年的努力，共检括出客户八十余万。唐朝政府对这些客户每丁课税钱一千五百，免租调徭役六年，后由各州县安插在均田土地上。这一措施对改变社会上占田不均的情况，缓和阶级矛盾，起了一定的积极作用。

第五，重视以忠孝教化臣民。唐玄宗继位之时，武周夺政以及屡屡发生的宫廷政变，使"忠"在具体的政治实践中遭遇严重危机。当此之时，统治阶级为夺取代表最大富贵的皇位可以实行残忍的血亲诛杀，母弑子，女弑父，妻夺夫位，成为政治斗争中的常态。贵族包括新进士人，为追逐名利富贵，不惜将传统的伦理道德践踏抛弃。因此，开元初，恢复儒家孝道理论，对士人伦理道德进行约束和引导，在全社会重新树立"忠君孝亲"的政治价值观念，就显得尤为迫切。开元时期的孝治主要表现在：（1）注重对《孝经》经典的理论阐释，从理论上完善忠孝理念。（2）统治者注意上行下效的示范效应。（3）加强移孝作忠的政治教育。（4）推行敬老政策。

第六，完备法律与健全司法制度。唐玄宗组织修撰的《唐六典》，是中国古代

① 《资治通鉴》卷二一一。

② 《资治通鉴》卷二一〇。

较为完备的行政法典。唐玄宗注重律、令、格、式等法律规范的制定和完善，为执法提供法律依据，补充、完善了唐初以来建立起来的法律规章制度。《旧唐书·刑法志》记载："开元初，玄宗敕黄门监卢怀慎、紫微侍郎兼刑部尚书李乂……删定格式，至三年三月奏上，名为《开元格》。六年，玄宗又敕吏部侍郎兼侍中宋璟、中书侍郎苏颋、尚书左丞卢从愿……九人，删定律令格式，至七年三月奏上，律令式仍旧名，格曰《开元后格》。十九年，侍中裴光庭、中书令萧嵩，又以格后制敕行用之后，颇与格文相违，于事非便，奏令所司删撰《格后长行敕》六卷，颁于天下。"又载：二十二年（734年），户部尚书李林甫受诏改修格令，他与侍中牛仙客、御史中丞王敬从，与明法之官前左武卫胄曹参军崔见、卫州司户参军直中书陈承信等人，共加删辑旧格式律令及敕，总共七千二十六条，其中一千三百二十四条于事非要，将其删除。二千一百八十条随文损益，三千五百九十四条仍旧不改，总成律十二卷，《律疏》三十卷，《令》三十卷，《式》二十卷，《开元新格》十卷。此后，又撰《格式律令事类》四十卷，分门别类排列，以便于观览。二十五年（737年）九月奏上，玄宗敕令在尚书都省抄写五十本，发使散于天下。[1]

总之，开元年间，唐玄宗励精图治，进行了一些有利于社会经济发展的改革。唐朝经过近百年的发展，在开元时期达到极盛，唐人沈既济评论当时是"家给户足，人无苦窳，四夷来同，海内晏然"。据《新唐书》记载：

> 是时，海内富实，米斗之价钱十三，青、齐间斗才三钱，绢一匹钱二百。道路列肆，具酒食以待行人，店有驿驴，行千里不持尺兵。天下岁入之物，租钱二百余万缗，粟千九百八十余万斛，庸、调绢七百四十万匹，绵百八十余万屯，布千三十五万余端。[2]

唐代现实主义诗人杜甫在《忆昔》诗中这样描绘了开元盛世富庶的盛景：

---

[1] 参见梁红仙著：《思想与政治之间——唐玄宗时期政治思想研究》，中国社会科学出版社2020年版，第279—280页。

[2] 《新唐书·食货志》。

忆昔开元全盛日，小邑犹藏万家室。

稻米流脂粟米白，公私仓廪俱丰实。

九州道路无豺虎，远行不劳吉日出。

齐纨鲁缟车班班，男耕女桑不相失。

毋庸置疑，开元时期是唐王朝的鼎盛时期，也是中国历史上少有的一个太平盛世。而且从社会变革的角度来审视这段历史，还可以看到，当时整个社会呈现出浓厚的开放风气，更能反映这个太平盛世的时代精神。

首先，以唐玄宗为首的统治集团奉行积极的对外开放政策，对内则实行较为开明的文化方针，其治国方略具有明显的开放性特点。当时，对传入唐朝的景教、伊斯兰教、摩尼教以及祆教、佛教，唐政府既能容许而不加以拒绝，又能使诸教兼存和各自传布，充分体现了唐王朝的开放精神和恢宏气魄。外来宗教与中国传统文化互相渗透，使得唐朝人对外部世界有了更多的认识与了解，从而开阔视野，为唐朝文化的繁荣注入了新的内容。

在允许各种思想和宗教自由传播的同时，唐廷还为域外来唐帝国学习者提供方便，对不同民族能一视同仁，这就为唐王朝的繁荣创造了条件。当时许多域外学者、艺术家、留学生到唐朝来进行文化交流，唐廷对此给予积极支持，并提供生活便利。不少外国人还在唐政府担任重要的官职，如高丽人高仙芝、王思礼，日本人阿倍仲麻吕，康国人康植和康谦等。

开元年间，在唐朝为官的少数民族和外国人很多，而定居于首都长安及内地的边境少数民族和外国人更多，他们当中有突厥人、新罗人、回纥人、昭武九姓等胡人。扬州、广州等地，也居住着许多波斯人、阿拉伯人。从明州到扬州、楚州、登州这一带，还居住着许多高丽和新罗人。他们在唐朝境内或者经商，或者传教，唐朝政府允许他们来去自如。仕官于唐朝和经商于市集的少数民族和外国人，自然会将他们的风俗文化带到唐朝来。《旧唐书》卷四十五《舆服志》讲到开元以来的情况是：

太常乐尚胡曲，贵人御馔，尽供胡食，士女皆竞衣胡服，故有范阳羯胡之乱，兆于好尚远矣。

胡人文化的大量传入，正说明了唐朝对接收外来文化的开放性。

其次，文化生活生动活泼，士人性情开朗，无拘无束。如李白天才英发，放任不羁，在其作品中多有表现。杜甫也是"放荡齐赵间，裘马颇清狂。春歌丛台上，冬猎青丘旁。呼鹰皂枥林，逐兽云雪冈"[①]。而杜甫《饮中八仙歌》所描述的贺知章是"知章骑马似乘船，眼花落井水底眠"；汝阳王李璡是"道逢麹车口流涎，恨不移封向酒泉"；李适之是"饮如长鲸吸百川，衔杯乐圣称避贤"；崔宗之是"举觞白眼望青天，皎如玉树临风前"；张旭是"脱帽露顶王公前，挥毫落纸如云烟"。确是各有个性，各有特点，卓尔不群，潇洒自在。

唐朝有许多节日，其中尤以正月十五元宵节最为热闹。每逢元宵节时，长安城内家家张灯结彩，灯火通明，各种娱乐活动层出不穷。人们欢歌起舞，火树银花，王公贵族及文武百官也涌向街中与普通百姓共同欢乐。人们无男女之别、贵贱之分，所谓"内外共观，曾不相避"，即是这种盛况的生动写照。这充分表明当时封建礼教对人们的约束较少，社会风气较为开放。

从长安、洛阳等大中城市妇女的服饰上亦可看出唐朝开放之一斑。《旧唐书》卷四十五《舆服志》说："开元初，从驾宫人骑马者，皆着胡帽，靓妆露面，无复障蔽，士庶之家又相仿效……妇人例着线鞋，取轻妙便于事……"另外从出土的唐墓壁画中也可发现，唐代宫女的服饰极为轻薄，上衣无袖，两臂及上胸袒露，肩上只披一条半透明的绢纱。这些反映出唐朝人在服饰方面的审美追求和开放态度，与宋明理学兴起以后的生活情趣有很大的不同，即便与唐以前诸代相比也具有进一步的开放性。

唐都长安更是个开放性的国际大都会，因而长安的风俗带有浓厚的异域文化气

①《杜工部集》卷七《壮游》。

息。开元、天宝年间，天下升平，异族入居长安者甚多，于是长安服饰、饮食、宫室、乐舞、绘画的胡化盛极一时，显示出盛唐文化丰富多彩，充满了活力。[①]

三、唐玄宗改革的局限性及对此后政局的影响

开元年间，唐玄宗励精图治，是一位大有作为的封建君主，及至盛世来临，便精疲力息，骄侈心代替了求治心，逐渐停顿甚至放弃了以前的改革政策，任用奸佞，怠于政事，使得大见成效的政治改革再度发生逆转，此种现象从开元末开始出现并逐渐形成严重的政治危机，最终引发了天宝年间唐王朝由盛转衰的总危机——安史之乱的大爆发。

一场政治危机的出现是由多方面的原因造成的，但唐玄宗统治后期军事和政治改革的一些措施不力是其重要原因。唐玄宗施政的不足之处，对唐朝中后期的政局，产生了巨大的影响。导致唐王朝由盛转衰的原因如安史之乱、朋党之争、宦官专权、藩镇割据等，都多少与他后期施政的不当有着一定的关系。

1. 改革兵制

唐太宗侵高丽时，开始采用募兵制。唐高宗、武则天时，天下久不用兵，府兵制实际上已经破坏，偶有战事，就得临时招募。唐高宗麟德元年（664 年），刘仁轨经略高丽，上书论兵事说，往年朝廷募兵，百姓争相应募，甚至请求自备衣粮，随军出征，称为"义征"。现在情形则完全不同，原因是显庆五年（660 年）以来，官府不关心从军者的困苦，前方将帅为鼓励士卒力战，优给勋赏，回到本籍，州县官为保持税额，却否认已得的勋赏。百姓服兵役，富家行贿得免，贫家连老弱人也要被征发。仪凤三年（678 年），为防御吐蕃，唐高宗派人到河南、河北募猛士。696 年，为防御契丹，武则天募罪人和士民家奴隶当兵。698 年，武则天募兵防御突厥，月余还不得一千人，后来听说太子（唐中宗）做元帅，应募人云集，不久就得五万人。这

---

① 参见漆侠主编：《中国改革史》，河北教育出版社 1997 年版，第 233—239 页。

些事例说明府兵制、临时募兵制都已不能适应国家的军事需要，如果突然发生战争，唐朝是没有兵备的国家，一蹶而倒的危险是存在的。在这种情况下，唐玄宗对京师宿卫兵和边境戍兵的军制进行了改革。

开元十年（722年），唐玄宗采纳宰相张说的建议，招募壮士充宿卫。开元十一年（723年），在京师及附近诸州选府兵和白丁十二万人，号称长从宿卫。开元十三年（725年），将长从宿卫改名为彍骑，分属十二卫。天宝年间，彍骑又只存兵额和官吏，与改兵制以前一样，京师并无宿卫兵。

边镇戍兵经常有六十余万人。戍兵被镇将当作奴仆来经营私产，根本失去了兵的作用。开元十年（722年），张说建议减二十余万人。开元二十五年（737年），招募丁壮充边镇戍兵，号称长征兵。开元二十六年（738年），招募足额，原有戍兵一概放还本籍。

府兵本是寓兵于农的一种兵制。唐朝前期没有武夫割据事件发生，实行府兵制是一个重要的原因。实行府兵制时，唐政府严格地本着居重驭轻的方针部署兵力。军府大半以上集中于京师所在的关内道；遇有重大战事，另行调发府兵；战争结束则兵散于府，将归于朝，将帅难以集兵谋反；中央保持着"举关中之众以临四方"的绝对军事优势，地方难以和中央抗衡。但自从唐玄宗改府兵制为募兵制，兵农分离，兵成为一种专门的职业，特别是边镇设长征兵，有野心的将帅与职业兵士相结合，祸乱的发生就难免了。

府兵制的废弃使唐王朝内重外轻的军事形势发生了重大改变，给唐后期政治、军事格局带来了重要的影响。府兵制的瓦解使得中央集权的军事基础发生动摇，节度使的权力扩张，成为既掌握军事权又掌握行政权和财政权的雄踞一方的力量。唐玄宗统治后期，政治败坏，中央军备空虚。天宝元年（742年），全国兵数为五十七万余，边兵竟占四十九万。中央与军镇的力量对比失去平衡，形成外重内轻、尾大不掉的局面。身兼平卢（今辽宁朝阳）、范阳（今河北涿州）、河东（今山西太原西南）三镇节度使，兵力雄厚的安禄山和知平卢军事的史思明，正是在这种局面下，经过累年的策划和准备，于天宝十四年（755年）十一月在范阳起兵反唐。他们很快攻下洛阳，自行称帝，国号燕，并分兵西攻关中，唐王朝从此由盛转衰。

2. 设节度使

唐睿宗时，已有节度使的官名，如景云二年（711 年），以贺拔延嗣为凉州都督、河西节度使。唐玄宗开元年间，有河西、陇右、幽州（天宝元年即 742 年改称范阳）、剑南、朔方、天兵（后改称河东）、安西、北庭等节度使。宰相往往出任节度使，节度使有功，也往往入朝做宰相。节度使领若干州，在一个地区内是最高的军事长官，在朝廷上是和宰相地位相近的重臣。当时边境外并无强敌，唐玄宗设这样重要的官职，目的是加强边疆防御力量，结果却促成了地方势力的滋长。

募兵和节度使的制度设置，造成了唐朝中期的祸乱。

此外，信任宦官和禁闭诸王，同样是造成唐朝后期政治祸乱的重要根源。

3. 信任宦官

唐中宗时宦官开始用事，人数多达千余人。唐玄宗更信任宦官，即帝位以后，人数渐增至三千余，穿紫衣（三品以上）、绯衣（四、五品）的就有千余人，有些人还得三品将军职位。杨思勖、高力士尤被重用。杨思勖屡率兵出击南方不服从中央的少数民族，杀戮极重，曾一次斩首六万级。唐玄宗给他辅国大将军（正二品）称号，后来又加骠骑大将军（从一品）称号，封虢国公。唐旧制，宦官品级最高不得登三品，杨思勖竟得从一品，并封国公，宦官地位大大提高了。高力士常在宫中侍卫，比杨思勖更得宠信。开元末年，外间进奏文表，都得先经高力士阅看，小事便直接处理，大事才告诉唐玄宗。宇文融、李林甫、杨国忠、安禄山、安思顺、高仙芝等人取得将相高位，都是走高力士的私门。唐旧制，大军出战，朝廷派遣御史监军。武则天废监军制，说将帅应有权处理军事，御史监军，军中事不论大小，都要受监军干涉，怎能要求将帅立功？唐玄宗恢复监军制，派宦官监军，其权力超过节度使。这些由宦官充任的监军出使诸州，沿路地方官尽力奉承，惟恐不周。到了目的地，这些宦官按地方财力索取贿赂。其他委任宦官做的事还很多，当然宦官每做一事都要索取大量的财物。所有宦官都受高力士指挥，宦官是唐玄宗权力的化身，高力士是这些化身的指挥者。唐玄宗在士族阶层外，扶植起宦官阶层作为行使统治权的力量，这是唐朝政治上最大的一个变动。自从宦官成为核心势力，唐朝统治阶级内部相互间的关系变得愈来愈复杂。到唐朝后期，宦官操纵朝政，自皇帝以下都得听从他们的支配。

4. 禁闭诸王

诸王是最有可能夺取帝位的人，唐玄宗本人就是以诸王资格发动禁卫军灭韦氏而取得太子地位的。开元元年（713年），唐玄宗即帝位，首先使高力士为右监门将军，又使一些亲信宦官为三品将军，掌握禁卫军。他严禁诸王与群臣交结。开元十年（722年），令宗室、外戚、驸马，非至亲不得往来相见。宰相张说曾秘密前往皇弟岐王私宅，被姚崇告发，张说遂被贬官出朝。玄宗的兄弟封王的共五人，都受到极优厚的生活待遇，但不得任职事。皇子为王的先后共十六人，在宫城旁各住一宅，号称十王宅，也称十六宅，每宅派宦官管理。只有侍读官定时入宅教书，王府其余官属一概不许和诸王见面。后来皇孙渐多，又设百孙院，也派宦官管理。皇太子不住东宫，经常随从皇帝，居住别院实际上也要受宦官监视。唐玄宗对诸王怀着猜忌心，用宦官来监视他们的行动，诸王和太子的祸福安危决定于宦官的爱憎，因之，宦官既是监视者又是保护者，太子或诸王得登帝位，总有一些宦官因拥戴有功而执掌大权。到唐朝后期，皇帝的废立和生死都掌握在宦官手中，宗室衰微、宦官专权是导致唐王朝灭亡的一个重要原因。[①]

---

① 参见漆侠主编：《中国改革史》，河北教育出版社1997年版，第239—243页。

第五章　安史之乱中的平叛与理乱

天宝十四年（755年）十一月，身兼平卢（今辽宁朝阳）、范阳（今河北涿州）、河东（今山西太原西南）三镇节度使，兵力雄厚的安禄山和部将史思明眼看唐玄宗统治后期昏庸惰政，趁机在范阳起兵反唐。面对武备松弛的唐军，安禄山叛军很顺利地攻占了洛阳，并自称为帝。之后又攻破潼关，逼得玄宗仓皇奔往蜀地。在马嵬驿，士兵哗变，玄宗被迫赐死杨贵妃，杨国忠也被诛杀。不久，太子李亨在灵武即位，依靠郭子仪和李光弼讨逆，逐渐取得了一些胜利。与此同时，叛军内部也发生了内乱，安禄山、史思明都为其子所杀，直到广德元年（763年），历经七年多的安史之乱才得以宣告平息。安史之乱是唐王朝中叶经济与社会危机的总爆发，又是唐王朝政治、经济全面转型的导火索。安史之乱使长期承平的大唐盛世历尽了战争的苦难，是唐王朝由盛到衰的转折点。安史之乱以及此后的动荡与变迁，激发了社会各领域的重大转变。中央政体与地方政体的转变、租庸调与两税法的转变、直接税与间接税地位的转变，以至于中国封建社会的时代与阶段划分，都与之有着密切的关系。因为安史之乱，中国的封建社会开始走下坡路，盛唐那样的高峰成了永远的过去，那样的自由与开放再也不复存在，那种非凡的气度也随着战争的硝烟而散尽。自五代而两宋，中原王朝再也没有像大唐前中期那样拥有统一天下的局面；强悍的蒙元王朝，也许只能算个插曲，犹如昙花一现；而明朝，辛苦加固修筑的长城，并没能完全抵住外族的侵略，却成为自己灭亡的桎梏；人们从大清康乾盛世的梦中惊醒时，早已关起大门不闻窗外事的中华大国，已经远远地落在了世界发展步伐的后面。复兴中华成为仁人志士的一致呼声。

一、渔阳鼙鼓动地来

安史乱军的主帅安禄山，小名轧荦山，轧荦山是突厥崇拜的战神象征。其父为康国（今乌兹别克斯坦撒马尔罕）人，母亲为突厥人，本居于胡商汇聚的柳城（今辽宁朝阳）。他与史国（今乌兹别克斯坦撒马尔罕南）人史思明因通晓九种语言，均被用为"蕃市牙郎"，负责管理边地贸易。后来又被幽州节度使张守珪用为"捉生将"。由于安禄山熟悉契丹与奚地山川形势，所以，出必有功，曾以三五骑擒获契丹数十人，很受张守珪赏识，渐渐擢升为平卢兵马使，成为东北边地的一位重要将领。

安禄山外表憨厚，体态肥大，但颇有心计，善于经营。凡唐玄宗左右之人到平卢，安禄山都厚意相待，重礼相贿，因此，在玄宗面前，"人多誉之"，玄宗也"益宠之"①。开元二十九年（741年），玄宗任命安禄山为营州都督，充平卢军使，及两番（即奚与契丹）、渤海、黑水四府经略使。这样，安禄山成为东北地区的最高军事长官。此时，当政的李林甫忌朝中大臣与之争权，力主用胡人为将帅，因此，安禄山的地位继续上升。天宝元年（742年），安禄山升为平卢节度使。天宝二年（743年），安禄山奉命入朝，上奏道：

> 去年营州虫食苗，臣焚香祝天云："臣若操心不正，事君不忠，愿使虫食臣心；若不负神祇，愿使虫散。"即有群鸟从北来，食虫立尽。请宣付史官。②

天宝三年（744年），安禄山又兼任范阳节度使，他对朝中的政治态势越来越关注。他专门留其将刘骆谷常驻长安，随时掌握朝中动向；每年所献俘获与珍玩不绝于道，以致州县疲于递运。他每次入朝，都在玄宗面前曲意逢迎。其言谈诙谐，举止憨掬，因此益得玄宗与杨贵妃的欢心。一次，玄宗指着安禄山的便便大腹道："此

---

① 《旧唐书·安禄山传》。
② 《资治通鉴》卷二一五。

胡腹中何所有，其大乃尔！"答道："更无余物，正有赤心耳。"在晋见太子时，安禄山不拜，人们催促时，他方拱手说道："臣胡人，不习朝仪，不知太子者何官？"玄宗说："此储君也，朕千秋万岁后，代朕君汝者也。"安禄山故作惊诧道："臣愚，向者惟知有陛下一人，不知乃更有储君。"做出不得已的样子下拜。玄宗以为这是他的真实想法，更加喜爱这位胡帅。玄宗又让杨贵妃三姊妹及杨国忠等人与安禄山结为兄弟，安禄山则自请为杨贵妃之子。在晋见玄宗与杨贵妃时，他总是先拜贵妃，后拜玄宗，并解释道："胡人先母而后父。"① 这种取悦之巧妙，非常人所能及。

对于安禄山而言，取悦玄宗与贵妃并不是目的，随着他势力的扩大以及对唐王朝形势的日益了解，野心也在不断膨胀。他的最终目的就是利用一切可能，继续扩大自己的势力，以待有朝一日，问鼎中原，取而代之。

最早指出安禄山有反叛企图的大约是王忠嗣。天宝六载（747年），王忠嗣身兼河东、朔方、陇右、河西四镇节度使，几次上奏安禄山必反，但玄宗均置之不理，而李林甫惟恐王忠嗣功高入朝，对他处处制约，准许他辞去了朔方、河东两节度使。天宝十载（751年），又以安禄山兼领河东节度使。不久，又借故将王忠嗣贬黜，由其部将哥舒翰代之。对于其他上奏安禄山谋反的人，玄宗干脆一概送往安禄山处。后来，甚至连杨国忠与太子李亨所言安禄山必反，玄宗也听不进去了。

天宝十三年（754年）一月，玄宗应安禄山所求，命他兼领闲厩、陇右群牧等使，兼知群牧总监事，使其掌握了唐王朝的大部分战马。二月，应安禄山之请，任命其部属为将军者五百余人，为中郎将者两千余人，助其收拢了人心。天宝十四年（755年）二月，安禄山上奏，请求以三十二位番将代替汉将，其用意已显而易见。但玄宗还是诏令准奏。此事过后不久，陇右、河西节度使哥舒翰入朝，途中染疾，遂留居长安。这样，边地将帅中，只有安禄山独领平卢（治今辽宁朝阳）、范阳（治今河北涿州）、河东（治今山西太原西南晋源镇）三镇，没有能与之抗衡者。在这种情况下，安禄山反叛的条件已完全成熟。

———————————

① 《资治通鉴》卷二一五。

天宝十四年（755年）十月，安禄山与史思明举兵反叛。他们以讨杨国忠为名，挥师南下，所过州县，望风瓦解。十二月，即攻下东都洛阳，占有河北、河东与河南的大部分地区。仓促之际，唐玄宗启用哥舒翰屯守潼关，罢安思顺朔方节度使，改用九原太守郭子仪为节度使，不久，又任命郭子仪部将李光弼为河东节度使。到肃宗至德元年（756年），安史乱军的攻势才大致被遏制。哥舒翰以逸待劳，几次挫退安史乱军，而李光弼则兵出河东，进攻河北常山（今河北正定）一带。河北地区又有平原太守颜真卿等抗御安史，一直未降。到了这年五月，唐王朝调集的各地兵将陆续成行，形势开始对安禄山不利。安禄山召来他的谋主高尚、严庄骂道：

> 汝数年教我反，以为万全。今守潼关，数月不能进，北路已绝，诸军四合，吾所有者止汴、郑数州而已，万全何在？汝自今勿来见我！ ①

他甚至开始考虑放弃洛阳，返回范阳。

这时，唐王朝本应坚守潼关，使安史屯兵坚城之下无法进取，然后派精兵攻取范阳，使安史失去依托，不战自溃。但恰在此时，杨国忠忌哥舒翰之功，又指责哥舒翰故意屯兵不进。哥舒翰力陈不可，郭子仪与李光弼也上奏道："请引兵北取范阳，覆其巢穴，质贼党妻子以招之，贼必内溃。潼关大军，唯应固守以弊之。不可轻出。"② 但杨国忠一再说哥舒翰故意逗留，使玄宗连连派中使促其进兵。六月四日，哥舒翰无奈之下率兵出关。但潼关唐军多是乌合之众，与惯于征战的安史叛军无法正面相敌，很快便溃不成军，哥舒翰被俘。安史乱军遂挥师西进，长驱直入。六月初九日，长安已见不到潼关传来的平安火，杨国忠遂建议离开长安，西入剑南。这时，长安城中已是一片混乱。十二日，百官上朝者不到十之一二。玄宗下诏，声称要亲征，但朝野无人相信。次日晨，玄宗携杨贵妃姊妹、皇子、嫔妃、公主、皇孙以及杨国忠、高力士等，悄然离开长安，仓皇西逃。一时间，宫中、朝中纷扰不已，

---

① 《资治通鉴》卷二一八。
② 《资治通鉴》卷二一八。

王公贵族与士民百姓纷纷外逃。十四日，当玄宗一行行至京城西郊的马嵬驿（今陕西兴平西）时，将士兵变。杨国忠被愤怒的士兵所杀，杨贵妃也被缢杀，国忠之子及贵妃姊妹韩、虢、秦三夫人也被杀。国忠既诛，军士以蜀中乃国忠故地，不敢西行。宦官李辅国和太子妃张良娣及太子李亨之子建宁王李倓、广平王李俶，皆献计太子，请分兵北上。玄宗应允，遂分后军兵马两千人从太子。于是太子李亨被士民拥戴，前往西北，准备依托朔方，召集将士，抗击安史乱军。玄宗继续南行及蜀。

　　李亨先至平凉，又至朔方节度使治所灵武。七月，在御史中丞裴冕、朔方留后杜鸿渐等人的积极劝进下，即帝位，是为肃宗。与此同时，玄宗在入蜀途中下诏，将诸子分别任命为各地节度都使。其中，太子李亨为天下兵马元帅，领朔方、河东、河北、平卢节度都使；永王李璘为山南东道、岭南、黔中、江南西道节度都使；盛王李琦为广陵大都督，领江南东路及淮南、河南等路节度都使；丰王李琪为武威都督，领河西、陇右、安西、北庭等路节度都使。玄宗还向这些王子充分授权，规定：“应须士马、甲仗、粮赐等，并于当路自供。”“其署置官属及本路郡县官，并任自简择，署讫闻奏。”[①]七月庚辰，玄宗抵成都；八月，肃宗的使节到达成都，玄宗这才知道自己已被架空为太上皇。他派宰相韦见素与房琯等人奉传国宝至灵武传位，房琯被肃宗用为宰相。

　　自潼关失守、长安陷落后，唐王朝一度摇摇欲坠。颜真卿已无法坚守平原（今山东德州）；山南东道节度使鲁炅弃南阳出走，南奔襄阳（今湖北襄樊），退守汉水防线；张巡固守睢阳（今河南商丘南），连年苦战，精疲力尽。随着肃宗的即位，唐王朝的兵力与财力渐渐向西北集中。为了便于反击，肃宗又移驻彭原（今甘肃固原），命郭子仪东进河东，威胁安史所控制的两京地区，而李光弼也在太原连败安史乱军。与此同时，安史内部也内争四起，先是安禄山被其子安庆绪所杀，接着又是史思明

---

① 《资治通鉴》卷二一八。

拥兵自重，不服安庆绪调度。这样，唐王朝与安史乱军的对峙形势出现了转机。[1]

二、平叛过程中的朝廷内争

大唐盛世的消失并非由于高层内部权臣篡夺或外敌入侵，其原有统治体制与权能机构也未遭到完全破坏，更未彻底失去臣民的效忠。唐王朝统治之所以突然面临土崩瓦解的危险，只是因为安禄山的叛军占领了洛阳、长安两京，对国家中枢造成致命的一击。领导平叛战争，夺回战略优势，对叛军进行有效打击，并在此基础上重建政治权力，应是朝廷当时面临的最紧急也是最重要的政治课题。

前面提到，天宝十五载（756 年），太子李亨自立于灵武，是为肃宗。肃宗称帝之后，遥尊逃亡成都的玄宗为太上皇，这一事实上的二元权力格局成为肃宗初年中枢权力斗争的渊薮。玄宗虽然迫于形势不得不承认了肃宗的皇帝地位，但他并不甘心将大权拱手相让，而是先后将由自己所任命的韦见素、房琯、崔涣、崔圆、李麟等宰相派往灵武，意在遥控肃宗朝廷。肃宗当时的地位还未完全稳固，仍然需要借助玄宗的威望来建立自身统治的合法性，因此他暂时接受了玄宗的宰相人选安排。但不久之后，肃宗就以各种名义将韦见素等人先后罢免或排除在中枢之外，显示出他已经有意要摆脱玄宗的影响，准备真正全面掌握朝政。[2]

在唐玄宗逃离长安的混乱中，"中外扰攘，不知上所之。于是王公、士民四出逃窜"[3]。玄宗在入蜀途中分派诸王子出任各地节度都使之诏下后，各王多未实际赴任，只有永王李璘赴山南东道上任。当时永王璘统领山南东、岭南、黔中、江南西四道节度都使，驻屯江陵。

永王璘为肃宗异母弟。李亨即位后，欲改变诸王分领一方的局面，命李璘归觐

---

[1] 参见齐涛主编，马新、齐涛著：《中国政治通史》5，《繁盛中转型的隋唐五代政治》，泰山出版社 2003 年版，第 234—238 页。

[2] 参见胡平著：《未完成的中兴——中唐前期的长安政局》，商务印书馆 2018 年版，第 35—36 页。

[3] 《资治通鉴》卷二一八。

太上皇于成都，李璘不听，自恃有四道兵马及江淮富庶之地，意欲乘乱割据江东。其子襄阳王李瑒及其身边的一批谋士也为之出谋划策，劝李璘乘天下大乱，夺取金陵（今江苏南京），如东晋故事，拥有江东半壁江山。肃宗遂任命高适为淮南节度使，任命来瑱为江南西道节度使，与江东节度使韦陟共同防备李璘。至德元年（756 年）十二月，永王统率大军，浩浩荡荡，沿江而下，展示军威。李璘与肃宗李亨兄弟之间又将启战，唐王朝统治集团内部祸起萧墙。

客观地讲，玄宗用诸子分别节制各地，实有其良苦用心，而且按他的计划，诸子中只有太子李亨与永王李璘实际到任。这两位王子一在西北，负责对安史乱军的正面防御；一在江汉地区，负责长江流域的防务，万一北方不利，还可保有半壁江山。不过，在这二子中，太子李亨先违父皇之意，自行称帝；李璘又在李瑒及其谋士的鼓动下，跃跃欲试，不着眼于对安史乱军的抵御，而积极准备沿江而下，扩展势力，也失玄宗本意。

已做了天子的李亨当然容不得李璘如此经营，所以要用高适、来瑱、韦陟等人遏制李璘。另外，鉴于此时刚刚称帝，新朝初建，人心未附，所以，他又立即任命刘晏领江淮租庸，既赋予其经济重任，也有让其远赴江淮、加强对永王制衡的用意。刘晏从此成为被肃宗信用的忠臣。刘晏到吴郡后，即与"采访使李希言谋拒之，希言假晏守余杭" [1]。

对于李亨与李璘之间的这场高层权力争斗，并不是所有的士大夫都有清醒的认识。李白就在永王过九江时，被永王从庐山请下来，辟入幕府，而李白本人也一度以东晋谢安自居。他在《永王东巡歌》中写道：

> 永王正月东出师，天子遥分龙虎旗。
>
> 楼船一举风波静，江汉翻为雁鹜池。
>
> 三川北虏乱如麻，四海南奔似永嘉。

---

[1] 《新唐书·刘晏传》。

但用东山谢安石，为君谈笑静胡沙。①

依李白诗所言，至德二载（757年）正月，永王沿江东下，其目的地是江淮首府广陵（今江苏扬州）。吴郡太守兼江南东道采访使李希言牒告李璘，诘问他为何擅自兴兵东下。

据《旧唐书·永王璘传》所记，李希言这次向李璘送去的牒告中，并没有把他作为永王对待，而是"平牒璘，大署其名"。李璘十分愤怒，回牒道：

> 寡人上皇天属，皇帝友于，地尊侯王，礼绝僚品，简书来往，应有常仪，今乃平牒抗威，落笔署字，汉仪驒紊，一至于斯！②

他派部将浑惟明直取身在丹阳（今江苏丹阳）的李希言，又派季广琛往广陵，进攻驻守此地的广陵长史、淮南采访使李成式。当李璘大军进至当涂（今安徽当涂）时，李希言派其部将元景曜及丹徒太守阎敬之领兵相拒，李成式也派其部将李承庆率兵迎战，但纷纷败北，阎敬之被斩于阵，元景曜、李承庆则投降永王，李希言则南逃到了刘晏所在的余杭（今浙江杭州）。一时间，永王声势浩大，"江淮大震"。

然而永王的声势没有持续太久。至德二载（757年）二月，李成式的判官评事裴茂率广陵兵三千屯守瓜洲（今江苏六合东南瓜步山下），高适、来瑱、韦陟也已会于安陆（今湖北安陆）。他们广张旗帜，列阵江津，声势浩大，结盟誓众。在这种情况下，永王内部人人自危，季广琛召集诸将说道："吾属从王至此，天命未集，人谋已隳，不如及兵锋未交，早图去就。"③ 结果，几员大将相继带兵离去。永王率余众先至晋陵（今江苏常州），又到鄱阳（今江西鄱阳），接着逶迤南下，准备逃往岭南。行至大庾岭时，被江西采访使皇甫优派兵追及，兵败被杀，李璘子李玚也被乱兵所害。

平定永王叛乱后，唐肃宗又立即确定了进攻长安的战略方针。他没有接受李泌

---

① 《全唐诗》卷一六七。
② 《旧唐书·永王璘传》。
③ 《资治通鉴》卷二一九。

等人先取河北、断安史乱军后路的建议，而是急于要收复两京。因此，这年四月，肃宗委任郭子仪为司空、天下兵马副元帅，率所部兵马汇集凤翔；又命郭子仪与关内节度使王思礼合兵，进攻长安。双方在咸阳一带，相持七日，未能前进。五月，安史乱军佯退，郭子仪、王思礼追击时中埋伏，大败而归。不过，肃宗并未因此改变计划，而是积极准备下一次进攻。进攻之前，又请来回纥骑兵助战。到九月丁亥，一切就绪，朔方军与回纥军共十五万众，号称二十万，从凤翔出发，抵达扶风后，又汇齐诸军，浩浩荡荡，向长安进发，在长安西香积寺一带，与安史乱军展开了一场激战，斩首六万余，敌军大败，弃城而逃，郭子仪率大军进入长安。然后，郭子仪又乘胜继续东进，攻克潼关。安庆绪征调洛阳全部兵马共十五万，由其御史大夫严庄统帅，进抵陕州（今河南三门峡西）西一带，在郭子仪与回纥骑兵的夹击下，又遭败亡，安庆绪弃洛阳逃往河北。

在此以前，来瑱在颍川（今河南许昌）一带正被安庆绪部田承嗣围困，此时，田承嗣见安庆绪已北去，先是解围来降，接着又叛逃河北。来瑱被任命为河南节度使，与诸道兵马一起收复河南、河东郡县，所向披靡。

至德二年（757年）十二月一日，肃宗登丹凤门，大行封赏。郭子仪加官司徒，进封代国公，实封一千户；来瑱被封为颍国公；其余蜀郡、灵武及各地的功臣们，也都晋官加爵；另外，所有文武官员，三品以上均赐爵一级，四品以下加官阶一级。

至德二年（757年）九月，唐军攻下长安后，肃宗即遣使入蜀，请玄宗返京，表示自己要还位父皇，回东宫复修臣子之礼。李泌得知后，又另草一表，不提皇位之事，只言肃宗要请玄宗回朝，以尽孝道。玄宗接到第一份奏表后当即表示："当与我剑南一道自奉，不复来矣。"[①]收到第二份奏表后，方表示还京。其中的微妙，局外人难以知晓。但玄宗还京后与肃宗之间，仍然存在着一些难以言喻的矛盾。据《资治通鉴》记载：

---

① 《资治通鉴》卷二二〇。

（至德二年）丙申，上皇至凤翔，从兵六百余人，上皇命悉以甲兵输郡库。上发精骑三千奉迎。十二月，丙午，上皇至咸阳，上备法驾迎于望贤宫。上皇在宫南楼，上释黄袍，著紫袍，望楼下马，趋进，拜舞于楼下。上皇降楼，抚上而泣，上捧上皇足，呜咽不自胜。上皇索黄袍，自为上著之，上伏地顿首固辞。上皇曰："天数，人心皆归于汝，使朕得保养余齿，汝之孝也！"上不得已，受之。父老在仗外，欢呼且拜。上令开仗，纵千余人入谒上皇，曰："臣等今日复睹二圣相见，死无恨矣！"上皇不肯居正殿，曰："此天子之位也。"上固请，自扶上皇登殿。尚食进食，上品尝而荐之。丁未，将发行宫，上亲为上皇习马而进之。上皇上马，上亲执鞚。行数步，上皇止之。上乘马前引，不敢当驰道。上皇谓左右曰："吾为天子五十年，未为贵；今为天子父，乃贵耳！"左右呼万岁。上皇自开远门入大明宫，御含元殿，慰抚百官；乃诣长乐殿谢九庙主，恸哭久之；即日，幸兴庆宫，遂居之。上累表请避位还东宫，上皇不许。[①]

这种父子相欢的表演到上元元年（760 年）便转换了脸谱。据《资治通鉴》卷二二一记载：

（李辅国）言于上曰："上皇居兴庆宫，日与外人交通，陈玄礼、高力士谋不利于陛下。今六军将士尽灵武勋臣，皆反仄不安，臣晓谕不能解，不敢不以闻。"上泣曰："圣皇慈仁，岂容有此！"对曰："上皇固无此意，其如群小何！陛下为天下主，当为社稷大计，消乱于未萌，岂得徇匹夫之孝！且兴庆宫与闾阎相参，垣墙浅露，非至尊所宜居，大内深严，奉迎居之，与彼何殊，又得杜绝小人荧惑圣听。如此，上皇享万岁之安，陛下有三朝之乐，庸何伤乎！"上不听，兴庆宫先有马三百匹，辅国矫敕取之，才留十匹。上皇谓高力士曰："吾儿为辅国所惑，不得终孝矣。"辅国又令六军将士，号哭叩头，请迎上皇居西内。上泣不应……辅国矫称上语，迎上皇游西内，至睿武门，辅国将射生五百骑，

---

① 《资治通鉴》卷二二〇。

露刃遮道奏曰："皇帝以兴庆宫湫隘，迎上皇迁居大内。"上皇惊，几坠。高力士曰："李辅国何得无礼！"叱令下马。辅国不得已而下。力士因宣上皇诰曰："诸将士各好在！"将士皆纳刃，再拜，呼万岁。力士又叱辅国与己共执上皇马鞚，侍卫如西内，居甘露殿。辅国帅众而退。所留侍卫兵，才尫老数十人。陈玄礼、高力士及旧宫人皆不得留左右。上皇曰："兴庆宫，吾之王地，吾数以让皇帝，皇帝不受。今日之徙，亦吾志也。"是日，辅国与六军大将素服见上，请罪。上又迫于诸将，乃劳之曰："南宫、西内，亦复何殊！卿等恐小人荧惑，防微杜渐，以安社稷，何所惧也！"

这样，此事就不了了之。接着，肃宗将高力士流放巫州（治今湖南黔城），又勒令陈玄礼致仕，将玄宗身边的其他人也一概逐出。尽管玄宗不得不表示"今日之徙，亦吾志也"，但其心境，可想而知。[①] 在权力的诱惑与猜忌面前，真正的父慈子孝是不存在的。

三、安史之乱的影响

至德二年（757 年）正月，安禄山之子安庆绪杀父自立，屯驻范阳的史思明拥重兵不听调遣，叛乱集团分裂。趁此机会，郭子仪率唐军在回纥军队的帮助下，于九月收复了长安，十月攻下洛阳，叛军对中原地区的威胁基本解除，平叛的战争暂时告一段落。

安庆绪带着残兵败将退到邺郡，于是改邺郡为安成府，改年号为天成。而此时跟随他的部队只有骑兵三百人，步兵不到一千人，其他部将如阿史那承庆等都分别逃向常山、赵郡、范阳等地。十天之内，蔡希德从上党，田承嗣从颍川，武令询从南阳，各自带领自己的兵马投奔到邺郡。安庆绪重新在河北各地招兵买马，积蓄实

---

① 参见齐涛主编，马新、齐涛著：《中国政治通史》5，《繁盛中转型的隋唐五代政治》，泰山出版社 2003 年版，第 239—244 页。

力，很快收罗了六万兵马，军事实力又一次积聚起来。但是在安庆绪军队内部不稳定的因素也正慢慢滋生。由于安庆绪昏庸无能，不理政事，另一主将史思明不服气。史思明被安庆绪封为妫川王、范阳节度使，占有叛军从两京及各地掳掠来的大量物资财货，开始不听安庆绪的调遣。与安庆绪北逃的同时，其将李归仁带领精兵数万人败退到范阳，史思明乘机将他们收编，逐步壮大了自己的势力。安庆绪忌恨史思明兵强，于是派阿史那承庆和安守忠前往范阳征调史思明的部队，并让他们暗中消灭史思明。

随着安庆绪与史思明之间矛盾激化，十二月，史思明囚禁了阿史那承庆等人，然后派自己的部将窦子昂上书给皇帝，表示愿率自己所辖的十三郡及八万兵士归降朝廷，并命令部将河东节度使高秀岩也率领自己的部众及辖地归降。唐肃宗对史思明率领部下归顺朝廷的表现非常满意，就封史思明为归义王、范阳节度使，对史思明的七个儿子也各授官职。肃宗又派宦官李思敬与朝官乌承恩前往范阳安抚史思明，让他率领部下将士去征讨安庆绪。

乾元元年（758 年），唐肃宗和李光弼担心史思明再反，密谋杀死史思明，事泄。十月，史思明起兵再反，并与安庆绪遥为声援。郭子仪、李光弼等九节度使率二十万唐军围攻邺城，史思明率精兵五万救援，大败唐军。乾元二年（759 年）三月，史思明杀安庆绪，四月，史思明在范阳称大燕皇帝。上元元年（760 年）叛军再次攻陷洛阳，并企图西入潼关，内部又发生分裂，史思明被其子史朝义杀死。

宝应元年（762 年），唐肃宗死，太子李豫即位，是为唐代宗，他再次借兵回纥，讨伐史朝义。史朝义节节败退，逃往河北。河北叛将见大势已去，不听史朝义指挥，纷纷降唐。广德元年（763 年）正月，穷途末路的史朝义在温泉栅（今河北滦县南）自缢而死。这样，历时八年之久的安史叛乱终于平息。

唐王朝之所以能平定安史之乱，主要是安史叛乱不得人心；加之叛乱集团内部不断发生内讧，自相残杀，削弱了力量；唐朝借军回纥，增强了力量，以及唐中央政府的威信尚存等。

安史之乱对唐王朝影响极大。持续八年的叛乱，战争频繁，社会经济遭到了严重的破坏，户口大减。战斗最激烈的河南地区，"人烟断绝，千里萧条"①，"洛阳四面数百里州县，皆为丘墟"②。"汝、郑等州，比屋荡尽，人悉以纸为衣，或有衣经者"③。唐玄宗天宝末年，全国有户约九百万，至唐肃宗上元元年（760 年），仅剩一百三十万，唐王朝元气大伤。

安史之乱，破坏了唐朝的统一、和平、繁盛、稳定的大好局面，中央集权遭到了严重削弱。安史降将被任命为节度使，内地军将、地方长官亦被委任为节度使，形成了地方的藩镇割据。安史之乱，不仅暴露了唐王朝衰弱的国力，同时又进一步削弱了唐王朝的统治力量，使唐朝在以后的民族冲突中，处于被动局面。唐朝中央政权再也无力改变和扭转这种地方分裂趋势。

安史之乱，激化了唐朝社会的各种矛盾，成为唐朝社会生产由发展到停滞进而衰落的转折点，是唐朝国家从中央集权政治统一到地方分裂割据的转折点，也是唐朝社会阶级矛盾从比较缓和到逐渐激化的转折点，还是唐朝在民族关系中从主动到被动、从进取到退守的转折点。总之，以安史之乱为分界线，唐王朝由盛转衰，昔日宏大的政治气象不复存在。④

安史之乱后，战乱虽平，但期间中原板荡，千万生命死于军乱，与之而来的藩镇割据、宦官专政以及党争之祸，最终把赫赫盛唐推上了衰落的不归之路。唐代诗人钱起的《广德初銮驾出关后登高愁望二首》，可用来做大唐帝国由盛至衰的总结：

> 长安不可望，远处边愁起。羣毂混戎夷，山河空表里。
>
> 黄云压城阙，斜照移烽垒。汉帜远成霞，胡马来如蚁。
>
> 不知涿鹿战，早晚蚩尤死。渴日候河清，沉忧催暮齿。

---

① 《旧唐书·郭子仪传》。

② 《资治通鉴》卷二二二。

③ 《旧唐书·回纥传》。

④ 参见施建中主编：《中国古代史》（下册），北京师范大学出版社 1996 年版，第 61 页。

愁看秦川色，惨惨云景晦。乾坤暂运行，品物遗覆载。
黄尘涨戎马，紫气随龙旆。掩泣指关东，日月妖氛外。
臣心寄远水，朝海去如带。周德更休明，天衢伫开泰。[1]

① 《全唐诗》卷二三六。

第六章　代宗时代的政治格局

安史之乱后，朝廷的首要任务就是尽快平定叛乱，重建统治秩序。

　　代宗时代，安史之乱甫定，王朝得以草安。代宗执政的主要治理思路是以"大中之道"为指导，力求平衡和稳定，表现为务因循、重作为，但其负面效果则是藩镇的跋扈和党争的愈演愈烈。虽然代宗本人优柔寡断，往往受制于权臣，但在这个时代，政治家刘晏跻身朝堂，大刀阔斧地推行了盐政改革，在中国古代制度史上写下了划时代的篇章。在当时的局面下，代宗用郭子仪主掌军事，用刘晏主管财政，牢牢控制住了这两个治理国家的重要环节，因而使得大乱之后的唐王朝政治较为稳定，并一度出现了中兴的局面。

一、藩镇割据局面的形成

在传统封建君主时代，历来存在着分裂割据的不稳定因素。统一秩序破坏，中央集权削弱，分裂割据势力便会乘机而起，蚕食与破坏国家统一安定的局面。安史之乱后的唐王朝，就处在这样一种不正常的情势之下。

安史之乱平定后，安史余部还保持着相当大的势力。唐代宗为了求得暂时安定，将河北分封给这些原来的安史叛将。后来在平叛的过程中，朝廷对内地掌兵的制史也多加节度使称号，这样就形成了藩镇割据的不正常的局面。

所谓藩镇割据，就是指地方节度使利用手中的军队，独霸一方，不服从中央政府的调遣，形成独立王国，成为对抗中央政府的分裂割据势力。

藩镇割据局面的出现与唐代的节度使制度直接相关。

前面说过，唐玄宗后期，府兵制遭到破坏，士兵的来源减少。为了边防需要，玄宗时采用募兵制征兵，于是当兵成了一种职业；为了便于对军队的管理，地方上又设置了节度使掌管当地军事，统帅军队。但因兵士十分固定，久而久之便与节度使形成了主从关系，节度使也依靠手中所掌握的兵马大权，不断地扩充自己的实力，控制所在地的政治、军事、经济与人事大权，俨然成为一方的霸主。唐玄宗时的安史之乱，即是地方节度使对抗中央政府的叛乱。而在平定叛乱后，因为历史造成的外强内弱、中央集权遭到严重削弱等因素，唐政府对叛军采取姑息的态度，只要叛乱的军队投降中央政府，就不再追究其叛乱谋反之罪，因而并未对形成叛乱的根源加以铲除，很多叛乱军队的将领只要投降朝廷，就摇身一变成了朝廷的节度使。不仅如此，平叛过程中，内地掌兵的刺史，也被加以节度使称号，这都为安史之乱后愈演愈烈的藩镇割据局面的形成起了推波助澜的作用。经过安史之乱，"方镇相望于内地，大者连州十余，小者犹兼三四"[①]，形成了藩镇割据局面。

①《新唐书·兵志》。

最先成为藩镇的是安史降将：张忠志（即李宝臣）任成德节度使，治恒州（今河北正定）；田承嗣为魏博节度使，治魏州（今河北大名）；李怀仙为卢龙节度使，治幽州（今北京）。这就是著名的河北三镇。他们表面上尊奉朝廷，而实际上各拥强兵，自署将吏，自收赋税，而不入朝廷，成为割据一方的军事政治势力。节度使的职位也往往父死子继、兄终弟及，或由部下拥立，唐朝廷只能事后追认。除河北三镇外，重要的藩镇还有淄青镇，治青州（今山东益都）；淮西镇，治蔡州（今河南汝南）；宣武镇，治汴州（今河南开封）；泽潞镇，治潞州（今山西长治）；沧景镇，治沧州（今属河北）。他们仿效河北三镇，专横跋扈，割据称雄。[①]

由于唐朝藩镇是凌驾于州县之上的一级地方政权，集行政权、财政权、军事权、人事任免权于一体，因而极大地削弱了唐朝统一的中央集权体制，形成了政治、经济、军事等方面二元权力的格局。解决中央集权与藩镇割据之间的矛盾，成为唐后期政治、经济、军事改革的一项重要内容。诸镇之间往往相互征战，或暂时联合共同对抗朝廷的命令，对朝廷稍有不满就率兵发难，藩镇跋扈成为唐朝后期战乱频仍的直接祸根之一。

唐肃宗乾元元年（758年）十二月，平卢节度使王玄志去世，部将李怀玉杀了王玄志的儿子，推立侯希逸为平卢军使。于是朝廷任命侯希逸为节度使。以此为标志，节度使的任命不再受朝廷过问，而由军中将士自行废立的情况便从此一发而不可收拾。

唐代宗永泰元年（765年）五月，平卢节度使侯希逸坐镇淄青，好游猎，营建佛塔寺院，百姓受尽了这种骑在他们头上作威作福的节度使的折磨。兵马使李怀玉深得人心，后侯希逸忌恨他，随便找了一个借口，罢免了他的军职。后侯希逸与巫师在城外住宿，士兵们关闭城门不让他回城，拥立李怀玉为主帅。侯希逸逃奔滑川，上书朝廷请求皇帝的处罚。代宗下诏赦免其罪，把他召回京师。七月初二日，代宗任命郑王李邈为平卢、淄青节度使，李怀玉担任留后，并赐名为李正己。这时承德

---

① 参见施建中主编：《中国古代史》（下册），北京师范大学出版社 1996 年版，第 62 页。

节度使李宝臣、魏博节度使田承嗣、相卫节度使薛嵩、卢龙节度使李怀仙集结了安史之乱叛乱军队的残余力量，各自拥精兵数万人，操练军队，修建城池，自行任命文武官员，不向朝廷上缴赋税，和山南东道节度使梁崇义以及平卢、淄青留后李正己联姻，遥相呼应，内外勾结。朝廷对于这样的情况没有任何办法，只得听任其发展下去，因而这些节度使虽然名为藩臣，但实际上中央与地方这层上下级关系已经名存实亡了。

二、宦官专权局面的出现

宦官专权在唐玄宗时期已初步形成。

唐初，宦官人数并不多，只负责侍奉皇帝和管理宫廷事务。唐太宗时，内侍省不置三品官，宦官不干预政事。到唐玄宗时，发生了变化。开元、天宝年间，宦官人数激增至三千人，其中五品以上的宦官便有上千人。宦官高力士尤被重用，四方进奏文表，先让高力士审阅，小事由他处理，大事才交唐玄宗裁决。朝中大臣争相巴结高力士，许多人因高力士而位至将相，连太子也称高力士为"兄"。唐玄宗还派宦官监军，出使藩国，宦官开始干预军政。

安史之乱后，动荡的局势使皇帝对文臣武将更加猜忌。在皇帝的刻意扶持下，宦官势力迅速壮大，肃、代之际李辅国、程元振权倾天下，超过高力士，代宗就是由李、程所拥立。唐肃宗时，宦官李辅国以拥立有功，而内掌玉玺符命，外管禁军。唐代宗时宦官程元振、鱼朝恩相继掌禁军。唐代宗还设内枢密使一职，由两名宦官充任，实际上替代皇帝裁决政务。唐德宗时，设神策军护军中尉二人、中护军二人，全部由宦官充任，统率左右神策军、天威军等禁军。从此，宦官典掌禁军成为定制。两个护军中尉与两个内枢密使，被称为"四贵"。宦官权势大为增长，他们掌握了禁军和机要，地位也就更加巩固和显赫。朝中制定国策、进退将相大臣，以致皇帝的生死废立都操纵在宦官手中。唐后期的皇帝，顺宗、宪宗、敬宗均死于宦官之手，穆宗、文宗、武宗、宣宗、懿宗、僖宗、昭宗，都是由宦官拥立。唐文宗哀叹自己还不如周赧王、汉献帝，他说："赧、献受制于强诸侯，今朕受制于家奴！"①宦官成为唐朝的实际统治者。宦官擅权给整个社会带来了灾难。皇帝和朝臣因不甘心受宦官集团的支配，都极为不满。因此，在统治阶级的内部，反宦官集团的斗争成为唐朝中晚期政治的又一重要内容。②

隋及唐初以御史监军，开元二十年（732年）以后，改派宦官监军，谓之监军使。开元天宝间由宦官充任监军使的例子并不多见，较早的有天宝六载（747年）高仙芝攻小勃律，由宦官边令诚为监军。至天宝末年，宦官出任监军已渐增多，但尚未普遍设立。此时监军的职任只是在将帅出征时随军监察而已，事毕即罢。安史之乱以后，由于全国普遍设立节度使，藩镇之兵强盛，唐朝廷如果不能有效地控制绝大多数藩镇，是难以存在下去的，于是便把宦官监军制度加以推广，在节度使的驻地普遍地设立监军使院。

贞元十一年（795年），朝廷普遍颁给监军使院印信。由宦官充任的监军使是监军使院的主官，其职任是代表皇帝"监视刑赏，奏察违谬"，是朝廷控制藩镇的有力工具。监军使有时亦称监军，是否带"使"字，由出任监军的宦官的品秩高下而定，品秩高者为监军使，其下为监军。监军之下有副使，亦称副监。所属有判官若干人，分掌各项具体事务；又有小使若干人供差遣驱使；同时还有自己的军队。如《旧唐书》卷一五三《卢坦传》记义成军"节度使李复病笃，监军薛勇珍虑变，遽封府库，入其麾下五百人于使牙"。各支郡镇兵，另有品秩较低的属员监临。出军作战时，偏将所领军队中设监阵；如果调诸道兵进行大会战，则在任命都统、都都统等统兵官的同时，也派出都监、都都监等监军宦官。监军使任期一般为三年，由皇帝特敕，则可提前调动或继续留任。

唐代的宦官监军制度一直维持到唐末。监督出征将帅的特别使职，也由宦官充任，称为"观军容使"。据《资治通鉴》卷二二〇"肃宗乾元元年"条记载，当年命

---

① 《资治通鉴》卷二四六。

② 参见施建中主编：《中国古代史》（下册），北京师范大学出版社1996年版，第65页。

九节度使统兵讨伐安庆绪，其时因诸将地位相当，相互间难相统属，故不设主帅，而由宦官鱼朝恩为观军容宣慰处置使，实行监督，此为观军容使设置之始。代宗广德元年（763 年）又更名为天下观军容宣慰处置使。复以鱼朝恩为之。咸通时黄巢起义军进攻长安，朝廷以神策军左军中尉田令孜为天下观军容处置使，专制中外。可见观军容使之职由监军使发展而来，但其名分、职权均高于一般的监军使。

宦官不但监临外军，也出监禁军。监北衙六军的宦官，称为左右三军辟仗使，简称辟仗使，此见《册府元龟》卷六六五《内臣部·总序》。唐德宗贞元十二年（796 年）六月改左右神策监军使为左右神策中尉，成为神策军的统帅。于是另以辟仗使名义作为不由宦官统领的禁军监军之名。三军辟仗使之职在于监左右龙武、左右神武、左右羽林诸军，与方镇的监军使职任相同。其初无印信，《资治通鉴》卷二四〇“宪宗元和十三年”条记，其年“始赐印，得纠绳军政，事任专达矣”。

宦官以监军之重，进一步发展到直接统领军队。宦官领兵之职，最主要的是左右神策军中尉。在唐代后期，神策军是禁军的主力，自德宗贞元时由宦官窦文场、王希迁分统，宦官领神策军遂成为定制。神策军供给优厚，异于他军。其时边兵衣粮供应很是不足，而亲卫临时外出驻防的，颁赐特丰，于是诸边将往往自请遥隶神策，其军遂至十五万。

宦官统领神策军所用的名义是左右中尉，员额各一人，分领左右神策。在中尉之下又设有中护军等一套直属的监军系统之官，直接为其服务。因为中尉控制着禁军，成为宦官中最重要的人物。

此外，宦官领军还有以“使”为称的：一是内射生使。唐置殿前射生军，《资治通鉴》卷二二二“肃宗宝应元年”条有“内射生使三原程元振”。胡三省注：“以宦官领射生手，故曰射生使。”又《新唐书》卷二〇七《程元振传》记宦官程元振“少以宦人直内侍省，迁内射生使、飞龙厩副使”。从程元振升迁的顺序来看，内射生使的地位低于内飞龙使。二是护驾使。这是临时差派宦官充任的军事使职。《新唐书》卷二〇八《田令孜传》记宦官田令孜拥持唐僖宗仓皇西逃时，僖宗以田令孜为“十军十二卫观军容制置左右神策护驾使”。

唐代的宦官监军制度是在募兵制代替府兵制的过程中，在中央与藩镇的矛盾斗争中发展起来的，是新形势下中央控制地方军政的一项措施。由于监军以皇帝特派员的身份长驻藩镇，在组织上又自成系统，不隶属于使府，其监视藩镇不仅在军事上，还可以在司法及行政等各个方面。

作为皇权的延伸，监军对于加强朝廷对藩镇的控制，起到了一定的作用。不过宦官势力与中央皇权既相互依赖，又存在矛盾。皇帝借宦官来控制臣下，宦官恃皇权以自作威福，是其依赖的一面；宦官的势力膨胀后，又往往侵蚀皇权，是其矛盾的一面。唐代以宦官出监藩镇，虽然有宦官在所驻的藩镇中擅作威福之弊，但一般不与皇权发生尖锐的对立，唐朝中央在跋扈藩镇中派驻的监军使，是在特殊条件下施行中央统治的象征，起着中央与藩镇之间的桥梁作用。对于听命于朝廷的藩镇，其所起的监督作用更大。问题在于以宦官来监视中央禁军——六军，特别是把中央最主要的禁军——神策军的指挥权交给宦官，而且是在失去了南北衙禁军相互制约的情况下实施的，这无异于倒持太阿，授人以柄，其危害性是不言而喻的。掌握神策军兵权的宦官野心膨胀，就必然会专擅朝政和操纵君主的废立，唐代后期的政局动荡正是因此而来。为加强皇权而设置的宦官监军、统军制度，结果反而削弱了皇权，实际上，这个尺度很难把握。①

纵观历史，代宗时代，宦官专权虽已经形成，但代宗尚能操控朝局。

唐代宗是唐代历史上第一个完全因宦官的拥立而登基的皇帝。

李辅国权倾朝野，气焰嚣张，代宗继位后，也尊之为"尚父"。李辅国更是对代宗说："大家但居禁中，外事听老奴处分。"可见其气焰之嚣张，完全不把皇帝放在眼里。史载，李辅国"号为尚父而不名，除司空，兼中书令"。宦官权力的膨胀，为皇权所不能忍，代宗利用宦官程元振与李辅国的矛盾，免去李辅国元帅府司马和兵部尚书职，夺其兵权，并令出居处第。不久，罢其中书令，晋爵博陆王。明升暗降，剥夺其实权。

---

① 参见白钢主编，俞鹿年著：《中国政治制度通史》第五卷《隋唐五代》，人民出版社 1996 年版，第 370—373 页。

公元762年十月十八日夜，有盗入李辅国宅，杀之，携其首及右臂而去。这明明是一场政治暗杀。

程元振逐渐取代了李辅国位置，御林军全是他的部属。程元振同样专制禁兵，官至骠骑大将军、右监门卫大将军、内侍监、封国公。为巩固自己的地位，他开始拿朝臣下手，毁谤郭子仪，陷害山南东道节度使来瑱、同华节度使李怀让、左仆射裴冕等人，使得朝野切齿。他所做的这一切，旨在削弱大臣和地方实力派的军事力量，使自己的军队一支独大。

公元763年七月，吐蕃二十万大军攻入大震关（甘肃清水），程元振隐匿军情，使长安失陷，代宗被迫出逃陕州。禁军不振，程元振成为孤家寡人，代宗削除程元振官爵，放归三原。吐蕃退后，程元振化装成妇人，私入长安，为京兆府所获，长流溱州（綦江），代宗念其拥立有功，改为江陵安置。

程元振之后，又一专制禁军的宦官是鱼朝恩。鱼朝恩粗通经义，自谓"才兼文武"，代宗竟令他判国子监，讲《易经》。而且，鱼朝恩还成为大唐军队总指挥，任观军容宣慰处置使，指挥郭子仪、李光弼、王思礼等九节度使围安庆绪于邺城，失败，又失洛阳。即便如此，他仍被任命为神策军观军容使，统率神策军。吐蕃退后，任天下观军容宣慰处置使，封郑国公。之所以如此，因为他是制约郭子仪等人的重要力量，而当时郭子仪等将领，才是皇帝最忌惮的。

但是，其后宦官掌权，甚至逼反了仆固怀恩，引起朝廷的强烈不满，经宰相元载、郭子仪力劝，公元770年寒食节，代宗缢杀鱼朝恩于禁中。此后短期内宦官不再典兵。①

从肃宗开始，唐朝皇帝内受制于宦官专权，外受制于藩镇割据，始终在这个受气的夹缝中祈求左右逢源。这是唐朝中后期政治的现状，也是唐朝中后期皇帝的最悲哀之处。

---

① 参见于之伟、李鹏主编，王严著：《帝国的归宿》唐朝卷，中国华侨出版社2018年版，第154—155页。

三、刘晏的盐政改革

刘晏是中唐时期的理财能臣，在改革漕运和盐政等方面有着杰出成就。肃宗上元元年（760年），刘晏出任盐铁使，先后掌管国家财政近二十年，对财政制度进行了较大的改革。

安史之乱使得自唐高宗以来逐渐被破坏的均田制和租庸调制彻底瓦解。安史之乱后，贫富分化更加悬殊，"富者兼地数万亩，贫者无容足之居"[①]。大地主的土地阡陌相连，他把相连在一起的土地组成一个生产单位，当时通称为田庄，具体名称有庄宅、庄圈、庄园、田园、田业、别业、别墅等。地主田庄得到进一步的发展，官府田庄、皇室田庄、官僚田庄、僧侣地主庄田及一般地主田庄大量兼并土地，迫使大量均田户纷纷破产流亡，这些破产的均田农民是田庄生产者的主要来源。田庄上的生产者也被称作"客"，他们不负担国家的租庸调，使国家赋税收入大大减少。为了解决日益困窘的财政状况，唐朝政府采取种种措施，力图以整顿均田制度来增加国家的赋税收入。但这时国家政权衰微，大地主庄园制急剧发展，任何恢复旧土地所有制的努力都无济于事，因而，改革原有的赋税制度势在必行。

宝应元年（762年），唐代宗以刘晏为户部侍郎兼河南道水陆转运都使。广德二年（764年），又以刘晏为河南、江淮以南转运使，以后又兼盐铁使、常平使等职。他在整顿财政方面的主要成就是改革漕运、改进盐政、行常平法和租税改革等。

安史之乱后，汴河堙废，运河沿线户口流散，漕运不能畅通。刘晏为整顿漕运，对旧的体制进行了几项重大改革。

（1）大力疏浚河道，改变险要河段如三门峡的通过方法，使漕运船只畅通无阻。

（2）改变过去州县以富人督挽漕及沿途民众服役牵挽粮船的办法，改由国家包运，直接雇用水手，以盐利充漕运。

---

① 《全唐文》卷四六五《均节赋税恤百姓六条》。

（3）改变过去漕运船只均征自民间，规格不一，优劣好坏不齐的积弊，根据各段运路水流情况的不同，在扬州制造适合各河水流的坚固耐用的船只。

（4）规定江船不入汴，汴船不入河，河船不入渭，以方便运船短途往返，并把漕粮分段运往太仓。

经过以上整顿，河运量大增，江淮的粮食终于源源不断地运到了长安，最多时每年达一百一十万石。同时，运河沿线的社会经济亦得到一定程度的恢复。

安史之乱以后，在国家财政收入中占重要地位的是盐税。早在肃宗乾元元年（758年），唐朝政府采纳盐铁使第五琦的建议，统购亭户所煮的盐，由国家专卖，并把每斗盐价由十文提高到一百一十文，政府从中获得厚利。

肃宗上元元年（760年）刘晏任盐铁使后，根据"因民所急而税之则国用足"的原则，继续改革盐法。其具体办法是：国家在产地统购亭户生产的食盐，然后加价卖给特许的盐商，任其自运自销；鼓励商人以绢代钱籴盐，国家用所得的绢制作将士春服；离盐乡很远的地方，转盐官在那里储备食盐，等商绝盐贵时减价出卖，称作"常平盐"。

自代宗大历元年（766年）开始，刘晏把主要精力放在了盐政改革上，大刀阔斧地推行了一系列榷盐新制，放弃了第五琦的官运官销制，实行商运商销。

刘晏的榷盐新制主要有三项内容。

第一，在榷盐法中引入商人与商业机制，改官运官销为商运商销，也就是《新唐书·食货志四》中所讲的"募商人，纵其所之"。其具体方式，《资治通鉴》卷二二六记载得比较清楚："但于出盐之乡置盐官，收盐户所煮之盐，转鬻于商人，任其所之。"政府把住了食盐生产与总批发两个环节，榷税寓于批发价格之中，商人从盐司购得食盐后，享有充分的销售权利，实际上成为榷盐制的有力推行者。

第二，严格查禁不法私盐与盐商。在刘晏时代，越界私盐尚不突出，私盐的类型主要是私鬻、私制与私窃。对此，刘晏主要采取了两项措施严加防范：一项是对生产环节的严格控制；另一项则是在交通要地设立巡院，缉捕贩私盐者。这就是《新唐书·食货志四》所说："自淮北置巡院十三，曰扬州、陈许、汴州、庐寿、白沙、淮西、甬桥、浙西、宋州、泗州、岭南、兖郓、郑滑，捕私盐者，奸盗为之衰息。"

第三，发展盐业生产，加强生产管理。刘晏榷盐法的核心是商运商销，商运商销的前提是官营盐业。盐业生产的状况、盐产量的高低直接影响着榷盐的收入与市场的占有，所以，刘晏对盐业生产格外重视，牢牢地控制着盐业生产这一环节。如《新唐书·食货志四》说："晏又以盐生霖潦则卤薄，暵旱则土溜坟，乃随时为令，遣吏晓导，倍于劝农。"由此可以看出，刘晏时代对于盐业生产的管理已经深入到生产环节内部，他力图通过加强技术指导，提高食盐生产水平与生产量。①

除此之外，刘晏还在各道设巡院，选择精干廉洁的人做知院官。知院官每旬每月都要把本道各州县的雨雪、丰歉情况向中央申报，政府在丰收地区用较高的价钱籴进粮食，在歉收地区则用较低的价钱粜出。又在重要城市设置粮仓，以调节丰歉、平衡粮价。推行这种常平法，不仅唐政府获利，而且各地物价也大体保持平稳。

通过上述举措，从生产到销售各个环节错落有致，相辅相成，有效地推动了榷盐制的实施，给唐王朝带来了巨大的财政收入。经过刘晏的盐政改革，盐利收入大增，由每年四十余万缗增加到六百余万缗，占国家总收入的一半左右，所以有"天下之赋，盐利居半，宫闱御服、军饷、百官禄俸皆仰给"②之说。正如《旧唐书·刘晏传》中所说："初，岁入钱六十万贯，季年所入逾十倍，而人无厌苦。大历末，通计一岁征赋所入总一千二百万贯，而盐利且过半。"盐利在国家经济、政治、军事中的作用，被刘晏发挥得淋漓尽致。刘晏的财政改革思想很有特点。他的"因民之所急而税"，课税能"知所以取人不怨"等财政措施，对后世财政亦产生一定的影响。③

---

① 参见齐涛主编，齐涛、马新著：《中国政治通史》5，《繁盛中转型的隋唐五代政治》，泰山出版社2003年版，第282、283、285页。

② 《新唐书·食货志四》。

③ 参见漆侠主编：《中国改革史》，河北教育出版社1997年版，第246—247页。

四、代宗晚年的治理探索

代宗大历晚期政治的一个明显变化，就是提倡儒学治国，以"大中之道"① 作为其执政的根本方针，企图以此来"澄源振纲"，达到"复太平旧政"、重振朝廷权威的目的。

大历十二年（777 年）三月，代宗处死元载，并对元载集团全面清洗，对朝廷人事重新部署，任命著名儒学之士杨绾和常衮为相，推崇儒学治国，这在一定程度上体现了代宗晚年执政的新思路。这种新思路在代宗任命杨绾和常衮的诏令中有较为具体的表达：

> 顷以戎车未戢，方事仍殷，永言庶政，有乖彝叙。今将本俗刑教，澄源振纲，宣九德以阜成，张四维而翼赞，洽于佥论，资尔具瞻，往副审详之诚，懋缉时雍之化。②

所谓"九德"，是指"宽而栗，柔而立，愿而恭，乱而敬，扰而毅，直而温，简而廉，刚而塞，强而义"。孔颖达在《尚书正义》将此解释为："人性有宽弘而能庄栗也，和柔而能立事也，悫愿而能恭恪也，治理而能谨敬也，和顺而能果毅也，正直而能温和也，简大而有廉隅也，刚断而能实塞也，强劲而合道义也。人性不同，有此九德。人君明其九德所有之常，以此择人而官之，则为政之善哉。"③ 可见，九德是儒家所推崇的皇帝选择官员的最高标准，其实质就是以儒家道德为治国准绳。

所谓"四维"，即《管子》中所说的"礼、义、廉、耻"。《管子·牧民》说：

> 国有四维。一维绝则倾，二维绝则危，三维绝则覆，四维绝则灭。倾可正

---

① 《唐大诏令集》卷三十《肃宗命皇太子即位诏》。

② 《唐大诏令集》卷四十五《杨绾常衮平章事制》。

③ 《尚书正义·皋陶谟》。

也，危可妄也，覆可起也，灭不可复错也。何谓四维？一曰礼，二曰义，三曰廉，四曰耻。礼不逾节，义不自进，廉不蔽恶，耻不从枉。故不逾节则上位安，不自进则民无巧诈，不蔽恶则行自全，不从枉则邪事不生。

四维关系国家存亡，在儒家的政治理念中占据着非常重要的位置。因此，"宣九德"和"张四维"并列，突显了代宗以德治立国的决心。这说明代宗相信必须依靠道德高尚的官员才能够改善一切，他把政权巩固和国家复兴的希望寄托在恢复具有崇高道德标准的传统观念之上。此外，代宗诏令中特别提到目前将要"本俗刑教，澄源振纲"，可见他对大历十二年之前那种政多留滞、事贵因循的弊端有足够清醒的认识。这种政治特色是在刚刚平定安史之乱的氛围之下形成的，它和当时大多数官僚士大夫安静无事的期望相一致，符合稳定民心、巩固皇权的客观要求。

代宗晚年以儒家道德相号召，重振朝廷的权威，是通过杨绾、常衮二人来实施的。杨绾以遵循道德为至上，"恭俭忠信，恪守而弥固，一时模表，清议所高"[1]，是当时人们心目中的传统儒家道德之楷模，然处理烦琐政务却非其所长；常衮则"长于应用"，是难得的干练之才，恰好可以补杨绾之不足。

代宗的目的是想要"澄源振纲"，也就是重建他所亲历的开元天宝盛世。有什么比重新强调那些在美好的往昔已经得到证明的价值观念更加有效呢？因此，所有上述付诸实施的政策，其目的只有一个，那就是通过"复太平旧制"而重振朝廷的权威。杨绾任相不足百日便去世，这使代宗十分痛惜，以致发出了"天不使朕致太平"[2]的感叹，由此可见"致太平"已成为代宗晚年核心的政治诉求。[3]

---

① 《全唐文》卷四一二《授杨绾太常卿制》。

② 《旧唐书·杨绾传》。

③ 参见胡平著：《未完成的中兴：中唐前期的长安政局》，商务印书馆 2018 年版，第 140—142 页。

第七章　纷争中的德宗政治

到了唐德宗时期，中央政府与强藩脆弱的平衡被打破，再一次激起了政局大动荡，动荡的规模虽不及安史之乱，然其负面效应却深刻地影响了唐朝中晚期的局势。唐德宗的治理政策简单来说就是以藩镇制藩镇，依靠外交手段和政治手段解决问题。唐德宗为分化瓦解藩镇间的联合，有时承认藩镇，有时则相机拒绝承认，有时让藩镇间互相攻伐。总之在他统治时期，中央与地方关系十分微妙与复杂。在经济上，唐德宗纵横捭阖尽力进行补救，但最后还是栽在了经济上。

一、两税法与财赋体制的转折

大历十四年（779 年）五月，唐代宗卒，唐德宗李适即位。唐德宗即位后，励精治道，整肃朝纲，他与唐代宗性格迥异，唐王朝的政治格局在他统治时期又发生了重大的变化。

唐德宗即位之初，仍是常衮一人在朝中为相。常衮是以门下侍郎同平章事，中书事务基本上由中书舍人崔祐甫主持。崔祐甫性格刚直，不肯屈从，时常与常衮发生争执。为代宗丧仪一事，两人相持不下，常衮遂上奏德宗，言崔祐甫率情多变，请贬潮州刺史，德宗以为太重，改为河南少尹。

常衮这次是代署郭子仪、朱泚之名联合上奏的。当时，郭子仪与朱泚都是以节度使而兼宰相之名，并不居政事堂理政。按照唐朝制度，凡朝廷的重大决策、上奏等，必须由全体宰相共同署名，值班宰相签署后，还要到其他宰相那里签署；如果某一宰相拒绝签署，则此决策或奏状即为废状，不能生效。这种集体决策制度虽然可以在一定程度上防止权相专权的局面，但存在着不够灵活之处。肃宗、代宗时，为提高办事效率，改行值班宰相代署制，即"许令直事者一人，假署同列之名以进，遂为故事"[①]。所以，按常规，常衮可以代两人署名。但这一次，郭子仪与朱泚却完全倾向于崔祐甫。崔祐甫被贬后，两人上奏抗争，言其无罪。德宗问："卿向言可贬，今云非罪，何也？"[②] 两人答道不知联名上奏之事。德宗不知这是常例，认为常衮欺君罔上，大惊，立即将常衮贬为潮州刺史，任命崔祐甫为门下侍郎、同平章事，并废除假署代名制。

崔祐甫为相后，深得唐德宗信任，君臣两人相得益彰，清理了相当一批代宗遗存的积弊。

---

① 《旧唐书·崔祐甫传》。
② 《资治通鉴》卷二二五。

当初元载秉政时，卖官鬻爵，任人唯亲。常衮为相，又矫枉过正，四方奏请，一切不与；不论贤与不贤，一概不用。崔祐甫则广开才路，推荐引拔，常无虚日，做相不到二百天，除官八百人。德宗曾对他道："人或谤卿，所用多涉亲故，何也？"崔祐甫的回答是："臣为陛下选择百官，不敢不详慎。苟平生未之识，何以谙其才行而用之。"①结果，德宗十分赞同此说。

代宗之世，政务窒滞，邻国使节以及各地上奏者，往往留滞逾年，为此，唐王朝专门在宫城之西的右银台门设置客省，加以安置。一些失职待任者，也居于其中，有些甚至长达十年，所需费用完全由度支供应，且人数日渐增多。德宗在很短的时间内就派人疏理完毕，事毕者遣发，当任者叙任，当年即省谷一万九千二百多斛。

代宗之世，第一勋臣为郭子仪，至代宗末年，他的身份是司徒、中书令领河中尹、灵州大都督、单于镇北大都护、关内河东副元帅、朔方节度、关内度支、盐池、六城水运大使、押蕃部并营田及河阳道观察等使，功高权重。虽然郭子仪对唐王朝忠心耿耿，又不介入朝争，但由于他晚年治下过于宽大，政令不肃，所领各部隐患颇多，代宗多次想由他人分别统领郭子仪所部，但一直议而不决。德宗一方面下诏尊郭子仪为"尚父"，加官太尉，仍兼中书令，又将其弟子诸婿擢升十余人；另一方面，则免除了他所兼领的各项实职，任命他的三位部将李怀光、常谦光、浑瑊分别代其掌兵。

自代宗翦除了鱼朝恩之后，朝中虽然没有明显的权阉出现，但代宗对宦官们一直比较优容，出使各处的宦官亦即中使，可以随意取索。他曾派中使赏赐一位后妃的家族，归来后，知道中使得到的赠物不多，十分不快，认为是轻视王命，这位后妃立即又向中使送上赠物。因此，中使们便肆无忌惮，公开索要。各官署甚至宰相府都要备贮钱物，中使们每次代表代宗赐一物，宣一旨，无空手而还者。出使各地的中使更是如此。德宗即位之初，派中使邵光超向淮西李希烈加节度使名号，李希烈赠以僮仆、良马以及缣帛七百匹、名茶两百斤。德宗大怒，将邵光超杖六十后，

---

① 《资治通鉴》卷二二五。

又加以流放。这一来，风气大变，史称："于是中使之未归者，皆潜弃所得于山谷，虽与之，莫敢受。"①

代宗之世，十分迷信祥瑞之物，所以，连韩滉也编造了解县盐池产出瑞盐的故事，被赐名为"宝应灵庆池"。代宗末年，朱泚上奏陇州一户人家猫鼠同乳，堪称祥瑞，代宗当即让中使向朝中宣示，常衮则率百官庆贺。德宗初即位，泽州刺史便呈上《庆云图》，德宗下诏说："泽州刺史李鹦上《庆云图》，朕以时和年丰为嘉祥，以进贤显忠为良瑞，如卿云、灵芝、珍禽、奇兽、怪草、异木，何益于人！布告天下，自今有此，无得上献。"②

德宗即位不久，就诏告天下，停止诸州府、新罗、渤海进贡鹰鹞。紧接着，德宗又下诏山南枇杷、江南柑橘每年只许进贡一次以供享宗庙，其余的进贡一律停止。几天后，他连续颁布诏书，宣布废止南方各地向皇宫进贡的一切物品；同时将宫中豢养的大象、五坊鹰犬统统一放了之；下令裁撤梨园伶官，释放宫女；在他过生日时，拒绝各地的进献。德宗的这些做法的确显示出新君登临大宝的新气象，也表明了这位年轻君王要治理好天下的决心。

对于刘晏，德宗表现出充分的信任。他认为韩滉理财过于刻剥，遂罢其户部侍郎、判度支以及所兼西部财赋诸使，任为太常卿，又出为晋州刺史。虽然此前朝臣中屡屡有人上言，请罢转运使，刘晏也固辞使职，但德宗不允，反赋予西部财赋之职，即由刘晏判度支并兼领西部财赋。这样，刘晏掌握了唐王朝财赋管理的全权。

对于德宗即位之初的这些作为，朝野上下额手相庆，认为太平之世不久将至。

大历十四年（779年）八月，德宗新任命了两位宰相：一位是道州司马杨炎，另一位是怀州刺史乔琳。杨炎早有名声，崔祐甫又极力荐举，因此，对他的入相，"天下翕然，望为贤相"③。乔琳，性情粗率，诙谐幽默，才干平平。他的入相，得益于翰

---

① 《资治通鉴》卷二二五。

② 《资治通鉴》卷二二五。

③ 《旧唐书·杨炎传》。

林学士张涉。张涉曾在德宗为太子时侍读东宫，德宗即位后，便召入禁中，任为翰林学士，亲重无比。乔琳素与张涉相友，遂被举荐。对他的入相，"闻者无不骇愕"①。不过，这对于杨炎来说，或许拥有了更多的机会与可能。

杨炎入朝后，首先报恩报德，任用故旧。居相位十日，便任命洛源驿仆王新为中书主事，任命原道州司仓参军、后改任鄂州唐年县尉的李全方为监察御史。这二人都曾在杨炎流放道州时有恩于他。这年十一月，杨炎又举荐晋州刺史韩滉为苏州刺史、浙江东西两道观察使，成为一方藩使，权重一方。韩滉是杨炎故旧，此时，罢度支等使不足半年。这也可看出德宗对杨炎的信任。

此时朝中三位宰相，崔祐甫体弱多病，久不视事；乔琳也因应对失次，议论疏阔，为相仅三月，便被罢相，改任为工部尚书；这样，实际上是杨炎一人主持朝政。杨炎主持朝政后，首先致力于自身地位的巩固，而此时能与他抗衡者，只有掌利权的刘晏而已。因此，杨炎便把注意力放到了财赋问题上，力求在这一方面取得成就，压服刘晏。结果不到半年，便在国库管理与赋税改革上取得了重大进展，史称："炎救时之弊，颇有嘉声。"②

在国库管理上，唐玄宗以来的旧制是设内、外两库。外库为左藏库，收受各地正常赋入，由度支掌管调配使用，太库掌出纳，尚书比部复核监督，是为国库；内库即大盈库，收受各地上贡及其他非常规收入，供帝王私用与赏赐，是为帝室私库。安史之乱后，两库管理紊乱，第五琦为度支、盐铁使时，因京师多掌兵特帅，求取无节，无法控制，遂将所有财赋均贮于大盈库，由宦官掌管。这样，虽然避免了将帅的肆意恣求，但却造成了更严重的后果。对此，《旧唐书·杨炎传》说："天子以取给为便，故不复出。是以天下公赋，为人君私藏，有司不得窥其多少，国用不能计其赢缩，殆二十年矣。中官以冗名持簿书，领其事者三百人，皆奉给其间，连结根固不可动。"这实际上是唐王朝财赋管理中的一大顽症，朝中大臣不是看不到症结

---

① 《资治通鉴》卷二二六。
② 《旧唐书·杨炎传》。

所在，但一碍于帝王，二碍于宦官，竟无人敢于提出改变。

杨炎经过充分的准备，上朝时，顿首而言，力陈大盈库之弊，并郑重而严肃地指出，如这一弊端不除，则无法议政。不料，这一建议竟被德宗痛快地接受。德宗下诏宣布："凡财赋皆归左藏库，一用旧式，每岁于数中量进三五十万入大盈，而度支先以其全数闻。"对于杨炎这一作为，朝野上下一致认同。史称："炎以片言移人主意，议者以为难，中外称之。"①

此事甫定，杨炎又对以租庸调为主体的直接税体系进行了系统的清理与分析，利用奏对之际，恳言这一体系之弊。在此基础上，大历十四年（779 年）年末，杨炎上奏唐德宗，请改租庸调为两税法。奏文写道：

> 凡百役之费，一钱之敛，先度其数而赋于人，量出以制入。户无主客，以见居为簿；人无丁中，以贫富为差。不居处而行商者，在所郡县税三十之一，度所与居者均，使无侥利。居人之税，秋夏两征之，俗有不便者正之。其租庸杂徭悉省，而丁额不废，申报出入如旧式。其田亩之税，率以大历十四年垦田之数为准而均征之。夏税无过六月，秋税无过十一月。逾岁之后，有户增而税减轻，及人散而失均者，进退长吏，而以尚书度支总统焉。②

于是，建中元年（780 年）正月初一，唐德宗正式下诏，颁行两税法。诏令中要求各地黜陟使与观察使、刺史"约百姓丁产，定等级，改作两税法。比来新旧征科色目，一切罢之，两税外辄率一钱者，以枉法论"③。

两税法主要包括下列六项内容：

一是"量出以制入"的财赋征收原则。也就是说，所有的收支，不管是百役之费，还是一钱之敛，都要先度其数而赋于人。杨炎的本意可能是要改变安史之乱以来赋征

---

① 《旧唐书·杨炎传》。
② 《旧唐书·杨炎传》。
③ 《资治通鉴》卷二二六。

多门、纲目大坏的局面；要限制权臣猾吏因缘为奸、随意赋敛的恶习；要把赋税的定额权收归中央政府，由中央政府度其数而赋于人，与之相对应，则是"新旧征科色目，一切罢之，两税外辄率一钱者，以枉法论"。

二是所有赋税均并入两税之中。杨炎所言"其租庸杂徭悉省"以及德宗诏中所称"新旧征科色目，一切罢之"，都表明了这一内容。在此基础上，又确定了户无主客的划一税基与以贫富为差的征纳标准。

三是行商按三十税一抽取商税，所税要与坐贾相当。所谓三十税一，是指所携货物价值的三十分之一，这是中国古代正式将商税列入国税的开端。对于坐贾的征税，史无明文，应当是与其他居民一样，按两税征收。在户税征收的过程中，可能还会沿用大历四年（769 年）的办法，在现有户等的基础上再加二等收取。

四是征收时限。两税均秋、夏两次征收，"夏税无过六月"，"秋税无过十一月"，"俗有不便者正之"。因唐王朝疆域辽阔，各地秋收夏熟的时间不可能一致，所以才规定"俗有不便者正之"，但在执行过程中还是出现了种种弊端。

五是关于户籍管理的附加规定，即"租庸杂徭悉省，而丁额不废，申报出入如旧式"。两税法虽然取消了面向人丁的税徭，"人无丁中，以贫富为差"，但对人丁的管理并未取消。《唐会要》卷八十三建中元年"起请条"云："其丁租庸调，并入两税，州县常存丁额，准式申报。"

六是保障两税的权威性。两税之外，所有新旧征科一概罢除，两税外擅自征收一钱者，即以枉法论。对于擅自征取者，德宗在《停杂税制》中规定道："两税外辄别率一钱，四等官准擅兴赋，以枉法论。"[1]

除上述六项基本内容外，在两税法颁布之时，还有两条比较重要的规定：一条是蠲税的规定。《新唐书·食货志》说：建中元年，"遣黜陟使按比诸道丁产等级，免鳏寡茕独不济者"。《唐会要》卷八十三也有"其鳏寡茕独不支济者，准制放免"的记载。这样，较之租庸调时不课口与不课户的规定，范围局限了很多。另一条是两税

---

[1] 《全唐文》卷五十《停杂税制》。

征收之后分配比例的规定。元稹在《钱货议状》中说："自国家置两税以来，天下财之限为三品，一曰上供，二曰留使，三曰留州，皆量出以为入，定额以给资。"① "上供"，即上达中央政府；"留使"，即各道节度使、观察使留用部分；"留州"，即各州留用部分。三部分的具体数额及其他一些内容要由黜陟使提前报尚书省的有关部门。《唐会要》卷八十三所记建中元年正月敕文中称："其黜陟使每道定税讫，具当州府应税都数，及征纳期限，并支留合送等钱物斛斗，分析闻奏，并报度支、金部、仓部、比部。"

杨炎的两税法在执行之初还是颇有成效的。建中元年（780 年）年末，就有了一千三百多万的两税收益，比两税法以前唐王朝每年的全部财赋收入还要多出百万。这一年，唐王朝全部财赋收入达到三千余万贯，是开元天宝以来最好的一个年份。对于唐王朝的黎民百姓而言，划一了税种，抑制了一部分苛捐杂税，尤其是"人无丁中，以贫富为差"的征税原则，在一定程度上可减轻他们的重负。这对于经济的恢复与发展，对于增加唐中央政府的经济实力，起到了积极的作用。所以，杜佑在《通典》卷七中就称两税法是"适时之令典，拯弊之良图"。②

从中国古代社会的发展看，两税法的作用并不只局限于唐王朝，它与商鞅变法一样，具有里程碑的意义。对于这个问题，马端临在《文献通考自序》中这样评价说：

> 随田之在民者税之，而不复问其多寡，始于商鞅；随民之有田者税之，而不复视其丁中，始于杨炎。三代井田之良法坏于鞅，唐租庸调之良法坏于炎。二人之事，君子所羞称，而后之为国者，莫不一尊其法，一或变之，则反至于烦扰无稽，而国与民俱受其病，则以古今异宜故也。

两税法的确立，使持续了近千年的税人税丁的赋税体系告一段落，税地税产赋

---

① 《全唐文》卷六五一《钱货议状》。

② 参见齐涛主编，马新、齐涛著：《中国政治通史》5，《繁盛中转型的隋唐五代政治》，泰山出版社 2003 年版，第 303—319 页。

税体系开始实施。从此开始，税基定在了田产，而不问丁中人口。这反映了中国古代社会经济结构发展的必然趋势，是土地私有制已占主导地位的一个标志。同样，两税法的实施又推动了土地私有化的发展，也促进了人身依附关系的松动。正因为两税法顺应了历史发展的必然趋势，所以，自此以后，历代为政者都是在此基础上加以损益而已。从宋朝的田亩二税到张居正的"一条鞭法"、清朝的"摊丁入亩"，土地最终成了乡村直接税的集中税基。

二、德宗削藩与加强中央集权

如前所述，安史之乱后藩镇割据局面的形成，极大地削弱了唐王朝的中央集权和国家的统一。这些割据势力"喜则连横而叛上，怒则以力而相并"①，使唐王朝后期的政局极度动荡与不宁。因此，为恢复和强化中央集权，唐德宗推行政治改革，相继采取了一系列强有力的军事行动和削藩措施，弱化藩镇的军事势力，这是德宗主政时期治理国家的一项重要内容。

代宗李豫、德宗李适时期，势力强盛的藩镇节度使主要有：

魏博节度使田承嗣，据有今河北、山东、河南交接地区的七州。

成德节度使李宝臣，据有今河北中南部的七州。

卢龙节度使李怀仙，据有今河北东北部、中部的九州。

淄青节度使侯希逸、李正己，据有今山东地区的十二州。

沧景节度使程日华，据有今河北南部的四州。

宣武节度使李灵曜、刘元佐，据有今河南东部、安徽北部的四州。

淮西节度使李希烈、吴少阳，据有今河南南部的三州。

这些割据军阀，"虽称藩臣，实非王臣"。其节度使的职位或父子兄弟相承袭，或部属杀上司而取代，根本不由朝廷任命。他们占地为王，"虽奉事朝廷而不用其法

---

① 《新唐书·兵志》。

令。官爵、甲兵、租赋、刑杀皆自专之"。这些军阀贪得无厌，不满足于既得利益，或互相争夺地盘，或串通一气对抗中央皇权。对于这种不正常现象，《资治通鉴》说："朝廷或完一城，增一兵，辄有怨言，以为猜贰，常为之罢役；而自于境内筑垒、缮兵无虚日。以是虽在中国名藩臣，而实如蛮貊异域焉。"①

唐后期，中央同藩镇间发生过三次大规模的斗争：第一次是唐德宗力图平藩，引起了"二帝四王之乱"；第二次是唐宪宗大举用兵，平定了不少藩镇；第三次是唐武宗会昌削藩。

唐德宗李适即位以后，颇思有所振作，裁抑藩镇，加强中央集权。建中二年（781 年），成德节度使李宝臣死，其子李惟岳袭位，要求朝廷承认，唐德宗不允。为了维护世袭特权，魏博镇田悦、淄青镇李纳、山南东道节度使梁崇义和李惟岳联合起来，共同起兵抗唐。不久，梁崇义和李惟岳兵败被杀，田悦和李纳也被唐军打败。但卢龙镇节度使朱滔和成德镇镇将王武俊为了争权夺利，又勾结田悦、李纳发动了叛乱。朱滔称冀王，田悦称魏王，王武俊称赵王，李纳称齐王。淮西节度使李希烈也加入了叛乱的队伍，自称建兴王，并联合已称王的淄青、魏博、成德、卢龙四镇节度使抗拒中央政府。德宗调集淮西邻道兵攻讨李希烈，诸道兵都观望不前。建中四年（783 年），又调泾原（今甘肃泾川北）兵东援。十月，该军路过长安时，发生"泾卒之变"，德宗狼狈逃到奉天（今陕西乾县）。泾原变兵拥立朱滔的兄弟朱泚为主，朱泚在长安称帝，国号秦（后改为汉）。兴元元年（784 年）正月，李希烈称楚帝，改元武成。二月，入援朝廷的朔方（今宁夏灵武）节度使李怀光也发动叛乱，德宗又奔梁州（今陕西汉中）。唐朝政权处于最危险的境地。后来，德宗依靠李晟率领的唐军才收复长安，逐杀朱泚，平定李怀光。贞元二年（786）四月，李希烈为部将所杀，河北、山东四镇也表示重新服从中央，唐王朝表面上又归统一。德宗经过这场恐慌之后，转而推行姑息政策，只要求藩帅取消王号，朝廷承认他们在当地的统治权。从此，节度使父死子继、兄终弟及成为惯例，割据局面进一步深

---

① 《资治通鉴》卷二二五。

刻化了。但德宗也做了一些削藩的准备工作，如加强禁军、充实府库。只是这些措施如前所述造成了另一后果，即宦官进一步控制了中央政权。

三、禁军六军与神策军的建立

禁军为皇帝的亲军，称为北衙，与南衙十六卫共同组成宿卫军。唐代北衙禁军先后废置颇多，经常设置的有左右羽林军、左右龙武军与左右神武军，合称北衙六军。

左右羽林军。龙朔二年（662 年）由高宗在玄武门左右屯营的基础上，加上选取的府兵越骑、步射组建而成。其职官的设置与诸卫相似，有大将军备一人，正三品；将军备三人，从三品。掌统北衙禁兵，督摄左右厢飞骑仪仗。府属有长史，录事参军事。仓曹、兵曹（兼骑曹事）、胄曹参军事，司阶、中候、司戈、执戟，长上。左右翊卫府中郎将、左右中郎、左右郎将、兵曹参军事、校尉、旅帅、队正、副队正等员，品秩、人数同诸卫。高宗建立羽林军后，把它看作是一支最亲信的军队。武则天时，为排斥异己力量，杀了不少卫大将军、将军，废中宗时以羽林将军程务挺、张虔勖勒兵入宫，羽林军的地位更显重要。武则天和韦后当政时期，都任命亲信充任左右羽林大将军，其地位比十六卫大将军更为突出。自神龙元年（705 年）张柬之等推翻武周政权，到以后临淄王李隆基废杀韦后，都是以得到羽林军的支持而获得成功的，羽林军成了一支举足轻重的禁兵。

左右龙武军。贞观初，太宗在"元从禁军"中选择精于骑射者一百人，分为两组，长期在北门分番上值，叫作百骑。武则天时扩充百骑为千骑，睿宗又扩充千骑为万骑，分为左右营。玄宗又把万骑改组成左右龙武军，都用功臣子弟，设官与羽林军同。

左右神武军。肃宗至德二年（757 年）置，以龙武元从军士及扈从官子弟组成，亦号神武天骑，设官与羽林军同。①

除六军外，北衙禁军后来又有左右神策军，为唐代后期最主要的禁军。

安史之乱后，藩镇割据的形成和吐蕃连年东渐的边防危机，使唐王朝急需建立一支强大可靠的中央军事武装，以弥补因府兵制瓦解而被削弱的中央军事力量，扭转藩镇跋扈、尾大不掉的严重局面。这样，在推行财政经济改革，增加国家税收的同时，唐廷还采取了一些改革和调整军事制度的措施，力图加强中央集权，维持李唐王朝的统治。其改革和调整主要有以下两方面的内容。

首先，重建由中央政府直接控制的军事力量。神策军的建立即是这种努力的结果。神策军本是陇右节度使所属的一支边防军队，置于天宝十三年（754年）七月，初驻守于临洮城西。安史之乱期间，神策军一部千余人由军将卫伯玉率领入援中原平叛；乾元二年（759年）参加围攻安禄山之子安庆绪的相州之战，唐军败退，卫伯玉与观军容使鱼朝恩退守陕州（治今河南陕县），作为防备安史叛军的二线部队，"以殿东夏"。这时神策军故地已被吐蕃占领，卫伯玉所统之军仍沿用神策军的名号，卫伯玉为兵马使。卫伯玉入朝，此军归陕州节度使郭英乂统辖。郭英乂入朝，神策军遂属鱼朝恩。广德元年（763年），吐蕃攻入长安，"禁军不集，征召离散"②，代宗仓皇奔陕州。鱼朝恩率此军护卫代宗，随入长安，神策军从此成为禁军。在护驾返长安时，鱼朝恩乘机兼并了当时驻防陕州的部分河西、陇右和安西、北庭的边防军队，由此神策军从一支千余人的边军发展成为具有万人规模的中央禁军。

神策军来自陇右，曾是唐中央政府的劲旅，德宗、宪宗时常用以出征藩镇，长安西、北备御吐蕃的部分防务也由神策军承担。神策军的地位日重，在宦官率领下，衣粮赏赐也比诸军优厚。如神策军的粮饷就比其他藩镇军队高出三倍。又如元和十五年（820年），穆宗即位，赐左、右神策军士钱五十缗，北衙六军、威远营每人

---

① 参见白钢主编，俞鹿年著：《中国政治制度通史》第五卷，《隋唐五代》，人民出版社1996年版，第369页。

② 《旧唐书·鱼朝恩传》。

三十缗，左、右金吾军每人十五缗。唐王朝给予神策军优厚的待遇，有利于神策军的发展壮大，同时也使神策军长期保持稳定，死心塌地为李唐王朝效力。唐王朝采取收编和招募等方式，扩大神策军的编制，发展神策军武装力量。由于神策军能得到优厚的衣粮赏赐，因而戍守长安西、北的其他军队也都要求隶名神策。这样，神策军迅速扩大，德宗时已增至十五万人，进入其全盛时期。此后，其编制大体稳定，但仍然不断收编其他军队。至穆宗长庆二年（822年），收编成德镇精锐傅良弼部和李环部，神策军进一步发展到十八万人。这就大大增强了中央政府的军事力量，安史之乱后外重内轻的军事格局有所改变。

神策军初由陕州"归于禁中"，由宦官鱼朝恩专掌。但鱼朝恩飞扬跋扈，为代宗所不容，于大历五年（770年）得罪处死，以后十几年神策军均以本军将领为兵马使统率之。建中四年（783年），德宗以司农卿白志贞为使。时神策军主力被借调东征，白志贞扩军无方，统兵失计，史称"白志贞掌召募禁兵，东征死亡者志贞皆隐不以闻，但受市井富儿赂而补之，名在军籍受给赐，而身居市廛为贩鬻"[1]。这年十月，泾原军奉命往救襄城，路经长安，因赏赐菲薄，军士遂挟持节度使姚令言哗变，德宗仓皇逃往奉天，"帝召禁军御贼，志贞召集元素，是时并无至者，唯（窦）文场、（霍）仙鸣率诸宦者及亲王左右从行"[2]。"泾卒之变"被平定后，德宗认为文武臣僚不可信赖，于兴元元年（784年）命宦官分领神策军，为左、右厢都知兵马使。贞元十二年（796年），又置左、右神策军护军中尉。从此，神策军虽为大将军、统军等官所统，但实由中尉掌握。

神策军的建立和发展，使唐朝廷掌握了一支可靠的中央军事武装。虽然在实力配置上尚不足以与藩镇总体相抗衡，但是相对于藩镇个体而言则又处在绝对优势的地位，这正是藩镇不能取代唐中央政府的重要原因之一。在某种意义上可以说，大唐帝国在安史之乱后一百多年的统治得以为继，经济上主要依赖于唐中叶刘晏、杨

---

① 《资治通鉴》卷二二八。
② 《旧唐书·窦文场传》。

炎的财政、经济改革，军事上则主要得益于对神策军的大力扶持和调整改革。

　　但也必须指出，由于宦官控制了神策军及其他禁军的权力，同时也就控制了长安城及整个关中地区的军事力量，从而造成宦官集团长期专权的局面，对唐后期的政治和社会产生了重大影响。另外，神策军在扩大的同时，由于兵源素质不高，其战斗力逐渐衰弱；而唐统治者赋予的种种特权也使神策军迅速走向腐败，最终丧失了战斗力。唐末黄巢起义军进军长安，神策军不堪一击、全部溃散，即是最好的证明。①

---

① 参见漆侠主编：《中国改革史》，河北教育出版社 1997 年版，第 253—256 页。

第八章　永贞革新与元和中兴

从唐顺宗永贞年间到唐宪宗元和时代，唐王朝的政治可谓一波三折。病弱的唐顺宗无力理政，所谓的"永贞革新"也半途而废。唐宪宗继立后，倒是有了一些新的气象，中央政府的政治权威有所强化，可惜未能存续。晚年的唐宪宗醉心佛道，追求长生，成为术士的牺牲品，而唐王朝的政治，再一次跌入了低谷。

一、永贞革新

唐德宗末年，太子李诵即患风疾，口不能言。贞元二十一年（805年）正月，德宗病逝，李诵即位，改元永贞，是为顺宗。正是因为口不能言，谁也不知道他在想什么，他要说什么。但是就是这个患中风症的病快快的皇帝，却创造了唐朝历史上的许多先例。晚唐著名的革新运动，也就是历史上被称为"二王八司马"事件，也有人称之为"永贞革新"，就是在唐顺宗时期进行的。

唐顺宗在做太子时，对藩镇割据特别是宦官专权的祸害已有所认识，"未尝以颜色假借宦官"①。他即帝位后，立刻重用王叔文、王伾以及柳宗元、刘禹锡、韦执谊、韩泰、韩晔、陈谏、凌准、程异等十人，着手进行革新，斗争矛头首先直指宦官集团。

唐顺宗登位后，由于病情严重，根本处理不了政事，政柄实际上是由王叔文操掌着。王叔文还与宦官李忠言、美人牛昭容结成了联盟，共同影响唐顺宗。这些年轻的才俊借着大权独揽之际，指点江山，激扬文字，提出了一系列的革新主张。因发生在永贞年间，史称"永贞革新"。

"二王"是指王伾、王叔文。王伾，杭州人，因善于书法成为顺宗做太子时的书法老师；王叔文，越州山阴（今浙江绍兴）人，以善棋得以入侍东宫。王伾和王叔文均为翰林待诏，二人皆奉德宗之命侍奉皇太子。太子对自己的师傅很是尊敬，每次见面，都先施礼。王伾和王叔文见他并不是以玩乐为满足，就在对弈和研墨的间隙和他讲谈有关治国安邦的道理。有一次，王伾、王叔文和其他一些侍读畅谈天下政事时，涉及当时一些比较敏感的弊政，太子对他身边的人说要把这些弊政向父皇直言，以便能够改正。刘禹锡等人都对此举表示称赞，唯独王叔文一言不发。等众人都退下时，太子单独留下王叔文，问他不说话是否有深意。王叔文道，我王叔文

---

① 《旧唐书·顺宗纪》。

得太子殿下的信任，有一些意见和见解，哪能不向殿下奉闻呢！我以为，太子的职责乃在于侍膳问安，向皇上尽忠尽孝，不适宜对其他的事情品头论足。皇上在位时间长了，如果怀疑太子是在收买人心，那殿下将如何为自己辩解？太子闻言，恍然大悟，从此，他对王叔文格外喜欢，东宫事无大小，都委托他和王伾来谋划。

这样，就在顺宗做太子期间，在他身边形成了一个以"二王"为中心的东宫政治势力。王伾和王叔文为其核心，在其周围，还有一批年富力强的拥有共同政治理想和政治目标的成员。这些成员在当时都是知名人士，有王叔文的旧交凌准、善于筹划的韩泰、宰相韩滉的同族子弟韩晔、精于吏治的程异以及陈谏、陆质、吕温、李景俭、房启、韦执谊等人，还有一些朝廷御史台和六部衙门的中下层官员，经常在一起谈论国事，逐渐也成为这一势力的重要成员。其中最著名的是刘禹锡和柳宗元。

刘禹锡，字梦得，洛阳人，出身于官宦世家，其父在玄宗时参加过进士考试。贞元九年（793 年），二十岁的刘禹锡进士及第后又参加博学宏词科，荣得高第。他才华出众，诗文辞章誉满天下。先被淮南节度使杜佑辟为掌书记，杜佑调任中央担任宰相时，将他一起带到京师，得到王叔文的赏识，赞誉他有宰相之器。之后，刘禹锡便辅助王叔文进行政治革新。

柳宗元，字子厚，河东（今山西永济）人，世称柳河东。柳宗元也算得上是官宦子弟，自幼聪慧超人，下笔撰文，思如泉涌，是著名的唐宋八大家之一。他和刘禹锡都是贞元九年（793 年）一科的进士。参加博学宏词科以后，被授予校书郎。柳宗元就是在这个时候进入仕途的，时被任命为礼部员外郎，成为"二王"改革的中坚力量，深深地卷入这场短促的改革之中。应该说，柳宗元首先是个文人，其次才是"政治家"，一个不够成熟的"政治家"。文人参政，注定是一场悲剧。

说到柳宗元的文人身份，还要涉及另外一个人，也是大文豪韩愈韩昌黎。韩愈本人没有参与这场改革，但事前事后对这场改革的评价，他的一些遭遇影响着刘柳二人认知上的变化。人们今天更为熟知的是，韩愈与柳宗元共同倡导了"古文运动"，二人以"韩柳"并称，他们是"唐宋八大家"之中的两位唐代人。韩、柳、刘三人在一起共过事，有过交集。柳宗元和刘禹锡是同一年——贞元十九年（803 年），从地方调到中央来的，刘禹锡任监察御史，柳宗元任监察御史里行。当时柳宗元三十岁，刘禹锡比柳宗元大一岁，是三十一岁。而韩愈比他们更要大点，已是三十五岁，中进士早一年，也刚刚晋升为监察御史。这样，他们就走到了一起。以文会友，相同的志趣让他们很快成了朋友，讨论文学，唱和诗赋。这是一段愉快的合作期，韩愈后来写长诗《赴江陵途中寄赠三学士》说："同官尽才俊，偏善刘与柳。"

不久韩愈因抨击时弊，触怒德宗，被逐出朝廷，贬官为阳山令。而当时刘、柳深受太子信任，正是朝廷里的红人。韩愈所抨击的京兆尹李实，对刘、柳却有知遇之恩。因此刘、柳便与韩愈产生了嫌隙，而此后刘、柳也因政治革新而卷入诡异的政治斗争中，惜乎顺宗短命，"永贞革新"昙花一现，从开始到结束，仅历时百余日。

而在对"永贞革新"如潮的恶评中，韩愈"功不可没"。对好友的怀疑虽然后来事实证明只是一个误解，不过韩愈一直未曾谅解。舒芜在《韩愈诗选》序中说："对于政敌王叔文集团，包括对老朋友柳宗元、刘禹锡，真是悻悻之状如见，切齿之声可闻。"韩愈的长诗《永贞行》有幸灾乐祸、落井下石之嫌：

君不见太皇谅阴未出令，小人乘时偷国柄。北军百万虎与貔，天子自将非他师。一朝夺印付私党，懔懔朝士何能为。狐鸣枭噪争署置，睗睒跳踉相妩媚。夜作诏书朝拜官，超资越序曾无难。公然白日受贿赂，火齐磊落堆金盘。元臣故老不敢语，昼卧涕泣何汍澜。董贤三公谁复惜，侯景九锡行可叹。国家功高德且厚，天位未许庸夫干。嗣皇卓荦信英主，文如太宗武高祖。膺图受禅登明堂，共流幽州鲧死羽。四门肃穆贤俊登，数君匪亲岂其朋。郎官清要为世称，荒郡迫野嗟可矜。湖波连天日相腾，蛮俗生梗瘴疠烝。江氛岭祲昏若凝，一蛇两头见未曾。怪鸟鸣唤令人憎，蛊虫群飞夜扑灯。雄虺毒螫堕股肱，食中置药肝心崩。左右使令诈难凭，慎勿浪信常兢兢。吾尝同僚情可胜，具书目见非妄征，嗟尔既往宜为惩。

后来韩愈负责撰写《顺宗实录》，其中对"永贞革新"也满是抨击。后世修《旧唐书》《新唐书》及《资治通鉴》等书，关于"永贞革新"一直受韩愈的影响，基本照抄《顺宗实录》，据此立说。柳宗元曾写《行路难》一诗反驳韩愈等人的不实之词，刘禹锡临终前也曾撰写《子刘子自传》为"永贞革新"进行辩护，企图为王叔文恢复名誉。

历史上习惯以所谓"二王刘柳"相称，也就是把王伾和王叔文以及刘禹锡和柳宗元作为东宫集团的代表人物。其实，在这一集团当中，还有一人，他就是翰林学士、后来做了宰相的韦执谊。韦执谊，出身京兆名门望族。自幼聪俊有才，进士擢第，应制策高等，德宗拜为右拾遗，召入翰林为学士。年仅二十余岁的他深得德宗的恩宠，得与皇帝相与歌诗唱和，并与裴延龄、韦渠牟等皇帝的亲信一起出入禁中，略备顾问，大受当时朝野的瞩目。

王叔文集团首先从改革弊政入手。永贞革新的主要内容是：

（1）抑制宦官，禁止扰民害民的进奉、宫市以及五坊小儿，以期消灭宦官专权的现象。

（2）抑制方镇，收缴地方财政及用人之权，以期提高中央集权。

（3）抑制陈旧势力，起用新人补充政权，以期推出全新政局。

（4）抑制苛政，降低与减少各种赋税劳役，以期获得民心。[1]

革新主张自然引起了以俱文珍为首的宦官集团及与之相勾结的节度使们的强烈反对。

永贞元年（公元805年）五月，凌准的友人范希朝出任左右神策京西诸城镇行营兵马节度使，韩泰为行军司马，李位为推官，想要把宦官掌握的京西各神策军的兵权夺回来。宦官知道兵权被王叔文所夺，大怒，密令各个将领不要把兵卒交给别人。由于宦官们势力太强，夺取兵权的计划没有实现。六月，剑南西川节度使韦皋

---

[1] 参见于之伟、李鹏主编，王严著：《帝国的归宿》唐朝卷，中国华侨出版社2018年版，第182—188页。

把支度副使刘辟派到长安，让王叔文把三川都划归他自己统领，王叔文没有同意。不久，宦官俱文珍、刘光琦等人和剑南西川节度使韦皋、荆南节度使裴均、河东节度使严绶等合伙密谋除掉王叔文集团。同时，宦官俱文珍痛恨王叔文要夺他的兵权，逼迫顺宗把王叔文的翰林学士一职免去。同月，韦皋自恃是朝廷重臣，又远在蜀中，自觉王叔文想要控制自己是鞭长莫及，就上书顺宗说王叔文的坏话。裴均、严绶也纷纷上表要求罢黜王叔文等改革派人物。

事实表明，在这场权力博弈中，改革派明显地表现出了力不从心的特点。王叔文等人的改革遭到既得利益集团的强力反对。

从宦官势力看，由于王叔文等人只是依托顺宗皇帝，与同样依附皇权的宦官势力并没有天然矛盾，俱文珍等权阉们也可以接受他们，但当王叔文要剥夺其军权时，他们便作出了强烈反应，大怒道："从其谋，吾属必死其手！"遂密令各地将领："无以兵属人。"范希朝与韩泰到奉天（今陕西乾县）召集诸将，无一人前来。韩泰急忙返朝向王叔文报告，他也无计可施，只是反复地说："奈何？奈何？"①

从藩镇方面看，王叔文没有一个能支持他的地方势力，而且又过早地激化了与西南强藩韦皋的矛盾，这样，宫中朝内，上下左右，似乎形成了一股共同反对二王的力量。

另外，改革派自身的狭隘帮派意识及相互猜疑，也大大削弱了"新政"的积极效用。他们"密结当代知名之士而欲侥幸速进者"，"定为死交"，相互唱和，以历代名臣伊尹、周公、管仲、诸葛狂傲自诩，"凡其党偶然自得，谓天下无人"②。这自然招致朝野嫉恨。改革派内部，也并不团结，核心人物王叔文与韦执谊竟成仇怨，"执谊既因之得位，亦欲矛盾掩其迹"③。

还有，唐顺宗糟糕的身体状况更使改革派失去了强大的皇权支持。

---

① 《资治通鉴》卷二三六。

② 《旧唐书·王叔文传》。

③ 《旧唐书·韦执谊传》。

八月，在宦官集团的操纵下，顺宗被迫让位给太子纯，改元永贞。永贞帝即为唐宪宗。唐宪宗一即位，就把王伾贬到开州做司马，王伾不久病死。王叔文被贬为渝州司户，次年被赐死。十一月，这个集团的其他人，也被贬的贬，免的免。韦执谊、韩泰、韩晔、柳宗元、刘禹锡、陈谏、凌准、程异分别被贬为崖（治今海南琼山县东南）、虔（治今江西赣州）、饶（治今江西鄱阳）、永（治今湖南永州）、朗（治今湖南常德）、台（治今浙江临海）、连（治今广东连县）、郴（治今河南郴县）诸州司马。这样，王叔文集团掌权仅一百四十六天就失败了。

二、宪宗削藩与元和中兴

唐宪宗即位后，改元元和（806—820年），共执政十五年。这一时代被旧史称为"元和中兴"。在中晚唐帝王中，唐宪宗励精图治，延揽人才，纳谏从善，的确造就了一番振兴的气象，可谓是晚唐时期帝王中的佼佼者。

唐宪宗时代，面临着历史遗留的三大问题：藩镇问题、宦官问题、经济与财政问题，这实际上也是安史之乱以来唐王朝一直面临的久而未决的问题。这些问题解决得如何，是衡量一代帝王治理国家好坏的最重要标尺。

为了实现振兴，唐宪宗首先任用了一批名臣，如李绛、李吉甫、裴度、李巽等人，尽一时之选。更为重要的是，对于这些人物，他基本做到了信用不疑，能充分发挥其辅弼作用。

自肃宗代宗以来直到宪宗即位，唐中央政府对于藩镇的态度一直是姑息迁就，偶有用兵，但也收效甚微，致使这些地方势力不断坐大。唐宪宗即位后，对藩镇采取了较强硬的态度，力图扭转这种外强内弱的局面。

唐宪宗即位后，特别重视削藩问题，除了藩镇割据影响到唐王朝的正常统治秩序外，藩镇割据影响皇权稳定则是唐宪宗急于削藩的重要原因。

说到唐宪宗，他的即位亦可谓是云谲波诡，贞元二十一年（805年）四月六日，宪宗被册封为皇太子。六月，剑南西川节度使韦皋上表，以顺帝重病为由请太子监国。八月四日，太子得顺宗传位，八月九日正式即位于宣政殿。八月十七日，最早动议皇太子监国的剑南西川节度使韦皋，却暴病而死。与韦皋上表差不多同时，荆南的裴均、河东的严绶也不约而同地给朝廷发来表章，内容竟然与韦皋的相同。剑南、荆南和河东，三地节度使相距千里，在没有现代化通信手段的古代，如果没有幕后的指使，这样的步调一致真的很难理解。唯一的解释就是太子勾结外臣。宪宗虽然由外臣支持而上位，但深知外臣权势滔天的他为了巩固皇权，剑锋所指当然是这些跋扈的藩镇势力。

从政治地理角度看，宪宗时期唐王朝的藩镇可以划分为四大类：第一类是割据性藩镇，如易定、魏博、镇冀、范阳、沧、淄青，分布在河北、河南，称两河藩镇。这一类藩镇互相连接，自署官吏，俨然国中之国。淮西节度使也属这一类型。第二类是半依附性藩镇，如凤翔、鄜坊、邠宁、振武、泾原、银夏、灵盐、河东等。这类藩镇多在沿边的关中、河东地区，他们内政管理相对独立，军事力量集中，但命帅易将之权仍在中央政府的手中。第三类是变动性藩镇，如剑南西川、东川，山南东道以及中原的武宁、汴宋等。这些地区经济条件优越，地理位置重要，其节度使往往以此要挟中央政府甚或公开割据，但又不为中央政府所容忍，因此，其特点是变动性。第四类是依附性藩镇，如浙江东、西道、宣歙、淮南、江西、鄂岳、福建、湖南、岭南等，基本上覆盖了东南地区。这一类藩镇的特点是经济条件优越，军事力量单薄，可以被中央政府直接控制，是中央政府的财力支柱所在。但在某些情况下，也时而有节度使试图独立。

唐宪宗即位后，首先遇到的就是剑南西川节度使刘辟的反叛。永贞元年（805年）十月，剑南西川节度使韦皋病逝，其支度副使刘辟自为留后，控制了局面，并指使诸将上表要求朝廷任命他为节度使。宪宗先是不允，征刘辟入朝，并任命宰相袁滋为剑南西川节度使，但刘辟拒不从命。宪宗刚刚即位，不愿轻易用兵，为息事宁人，遂任命他为剑南西川节度副使、知节度事，实际上已认可了刘辟的要求。但刘辟得寸进尺，进一步要求兼领三川（东川、西川、山南东道）。宪宗不准，他便进兵剑南东川，攻陷梓州（治今四川三台），擒节度使李康。在李吉甫、杜黄裳等宰相的力主下，宪宗派左神策行官节度使高崇文率军讨伐。至元和元年（806 年）九月，攻下成都，将刘辟送往长安处死，剑南局面得以安定。

刘辟刚刚被平定，浙西又生战衅。浙西节度使李锜是李唐宗室，德宗时代，长期任浙西观察使兼诸道盐铁转运使；顺宗永贞年间（805 年）被解除盐铁转运使一职，专任浙西节度使。在任节度使期间，他积极发展个人势力，不从旨令，甚至鼓励亲兵杀戮其他将领。元和二年（807 年）十月，宪宗任命御史大夫李元素为浙西节度使，征李锜入朝为尚书左仆射。李锜拒不从命，宪宗遂下诏削其官爵，派淮南节度使王锷为招讨处置使，率兵讨伐。李锜部将张子良、李奉仙、田少卿倒戈，擒李锜送至长安诛死。浙西之乱遂平。

宪宗解决的第三个藩镇是淮西，这也是最有意义的一次行动。淮西节度使又称彰义节度使，治蔡州汝阳，即今河南汝南县。此处北可威胁汴梁，东北可控扼甬桥、切断东南漕运，南可进逼宣歙、淮南，战略地位十分重要。自德宗初年李希烈拥兵自重以来，这里基本上是一个独立王国。元和九年（814 年）淮西节度使吴少阳病死，其子吴元济自领军务。李吉甫进言道："淮西非如河北，四无党援，国家常宿数十万兵以备之，劳费不可支也。失今不取，后难图矣。"宪宗接受了这一建议。次年正月，朝廷削夺吴元济官爵，以宣武军节度使韩弘为淮西行营都统，严绶为申、光、蔡招讨使，命宣武等十六道发兵十余万，围攻淮西吴元济。自此至元和十二年（817 年），由于各军互不统属，号令不一，加上宦官监军干扰，征讨前后进行四年，耗费巨大，但未有所获。宪宗征询宰相们的意见，李逢吉等人均主张罢兵休战，只有裴度不发一言。宪宗向他发问时，他只答道："臣请自往督战。"次日，宪宗又问裴度："卿真能为朕行乎！"裴度自信地道："臣誓不与此贼俱生。臣比观吴元济表，势实窘蹙，但诸将心不一，不并力迫之，故未降耳。若臣自诣行营，诸将恐臣夺其功，必争进破贼矣。"[1]宪宗即任命他以宰相兼任彰义（即淮西）节度使、淮西宣慰处置使，驰赴淮西，指挥全线战事。

---

[1]《资治通鉴》卷二四〇。

裴度到淮西，先罢去诸军中监阵的中使。以往，这些宦官为中使，名为监阵，实则操纵主将，胜则先行报捷邀功，败则推诿指责战将。裴度这一举措，使将领可以专注军务，赏罚分明，一时间，军心大振。这年十月十四日，淮西战线主将李愬亲率九千精兵冒雪奔袭吴元济老巢蔡州城，次日晨，突入城中；第三日，便擒获吴元济，平定蔡州。淮西重又回到唐中央政府的控制之下。

淮西平定后，宪宗信心大增，元和十三年（818年），即调集各路兵马讨伐淄青节度使李师道。淄青节度使，治郓州须昌，即今山东东平西北，自李师道祖父李正己起，三代世袭节度使，是一个典型的独立王国。宪宗用兵淮西时，李师道暗中派人焚毁唐运粮船，刺杀武元衡，刺伤裴度，并企图在东都策划叛乱，迫使唐中央政府罢兵。唐宪宗当时正全力用兵淮西，无暇他顾。淮西一平，形势大不一样。淄青大将刘悟见朝廷重兵相围，遂倒戈攻取须昌，杀李师道归降。这样，淄青十二州也被唐中央政府所控制。为了削弱淄青的势力，朝廷按照图籍、土地远近、兵马众寡及仓储情况将淄青一分为三：郓、曹（治今山东菏泽）、濮（治今山东鄄城）为一道，以华州刺史马总为节度使；淄（治今山东淄博市淄川区）、青（治今山东青州）、齐（治今山东济南）、登（治今山东莱州）为一道，以义成节度使薛平为观察使；兖、海（治今江苏连云港）、沂（治今山东临沂）、密（治今山东诸城）为一道，以淄青四面行营供军使王遂为观察使。

在唐中央政府对淮西用兵时，河北成德节度使王承宗也纵兵西去，声援淮西。宪宗派左神策中尉吐突承璀为帅，统六节度使兵十余万讨伐王承宗。由于六镇兵马难以协调，历两年无功，遂罢兵言和，王承宗也上表请罪。

淮西与淄青平定后，各地的节度使们无不俯首听命，藩镇问题得到初步解决，实现了肃宗、代宗以来从未有过的一统局面。当然，这种一统还是相对的，藩镇割据势力并未根除，他们随时可能东山再起。

元和十三年（818年），横海节度使乌重胤鉴于藩镇将帅侵权的严重后果，建议恢复刺史与县令的职权，并主动将所属德州、棣州和景州的公牒交与刺史，又将镇兵交给刺史统领。宪宗遂于次年（819年）指令驻于支州的镇兵转归刺史统领，他说："如刺史带本州团练、防御、镇遏等使，其兵马额便隶此使，如无别使，即属军事。"①宪宗让刺史领镇兵虽然起到了一定作用，分割了藩帅的军权，但不能对此评价过高。因为，刺史虽然领了兵，但要接受藩帅的指挥。又，藩镇的精兵驻扎在会府州（称牙兵），归藩帅直接统率。可见，让刺史领镇兵，并不是对藩帅军权的削夺，仅仅是很有限的分割。

但不管怎样说，到元和十五年（820年），唐宪宗基本扫平了盘踞北方大片区域的独立藩镇，重振了李唐皇权的威严。继贞观、开元以后，李唐王朝迎来了一个短暂的兴盛岁月。

宦官问题也一直贯穿于唐朝中后期的政治。自唐玄宗时起，宦官势力即不断发展。玄宗宠信宦官高力士，"每四方进奏文表，必先呈力士，然后进御，小事便决之"②，人号称"尚父"，这是宦官参与机要之始。安史之乱以后，强藩跋扈，皇权衰弱，肃、代以来的帝王对宫外的文武臣子们越来越不放心，遂以宦官参与军务、政务。肃宗时，因李辅国拥立有功遂以心腹视之。当时"四方奏事，御前符印军号，一以委之"。"宰臣百司，不时奏事，皆因辅国上决"。"府县按鞫，三司置狱，必诣辅国取决，随意区分，皆称制敕，无敢异议者"。③军政大权实际上均掌握在李辅国之手。从此以后，宦官凭借自己掌握禁军和掌管传达皇帝诏旨的方便条件，逐渐进入了中央决策集团，其代表即是神策军左右护军中尉和枢密使。

在唐王朝中后期的军事格局中，一直是三足鼎立的局面：一是相对独立的藩镇军事力量；二是由唐中央政府所掌握的各地节度使手中的军事力量；三是中央禁军，即作为皇帝亲军的神策军。从某种程度上说，谁掌握了神策军，谁就控制了朝廷的命脉。

宪宗时，宦官的权力野心急剧增长。掌握了禁军大权的宦官们尾大不掉，反过

① 《唐会要》卷七十八《诸史杂录上》。
② 《旧唐书·高力士传》。
③ 《旧唐书·李辅国传》。

来不仅干预朝政，左右政局，而且还可以废立帝王，置皇帝于股掌之中，走到了皇权的反面。对中央朝政干预最多的是枢密使。枢密使，又称枢密内使，唐朝时全由宦官充任。其始置于代宗时代。唐代宗设枢密使的初衷只是用宦官传递表奏、宣谕诏书，并未让他们参与决策。但到宪宗朝，则正式设立枢密使。首任枢密使由刘光琦、梁守谦二人分别充任，为左、右使。他们穿梭于皇帝和众宰相间，承上传下，参与朝政决策。刘光琦通过中书小吏滑涣向宰相们传达自己对朝政的意见。史载：

> 宰相议事有与光琦异者，令涣达意，常得所欲。杜佑、郑絪等皆低意善视之。郑余庆与诸相议事，涣从旁指陈是非，庆余怒叱之；未几，罢相。①

宦官所任左、右枢密使与神策左、右护军中尉在当时合称"四贵"，权倾一时，他们"万机之与夺任情，九重之废立由己"②，成为重要的决策成员。

宪宗时代，朝野上下不断有人指出宦官问题，但总没有一个解决的答案。根本症结在于宪宗一直居于朝臣与宦官之间，力图左右逢源，寻求一种平衡。元和四年（809 年）十月，宪宗任命左神策中尉吐突承璀为左右神策军、河中、河阳、浙西、宣歙等道行营兵马使及招讨处置等使，率军讨伐河北王承宗。此举遭到朝臣的激烈反对。翰林学士白居易上奏道："国家征伐，当责成将帅，近岁始以中使为监军。自古及今，未有征天下之兵，专令中使统领者也。"③宪宗不从，仍委吐突承璀为帅。一年之后，吐突承璀失利而还，朝中又起波澜，朝臣们纷纷主张斩之以谢天下，但宪宗只是罢其中尉，降任军器使。直到第二年，其属下的弓箭库使刘希光，因交通羽林大将军被赐死，他才因受到牵连而被罢为淮南监军。

吐突承璀被贬后，宪宗不无自得地问翰林学士李绛："朕出承璀何如？"李绛道："外人不意陛下遽能如是。"宪宗道："此家奴耳，向以其驱使之久，胡假以恩私；若

---

① 《资治通鉴》卷二三七。
② 《旧唐书·宦官传序》。
③ 《资治通鉴》卷二三八。

有违犯，朕去之轻如一毛耳。"这实际上是帝王们宠任宦官的重要内因。与之相反，在朝臣那里，特别是在那些正气凛然的朝臣那里，帝王们找不到多少家奴的感觉。元和五年（810年），宪宗一连数月未见学士们，李绛等人便上言："臣等饱食不言，其自为计则得矣，如陛下何！陛下询访理道，开纳直言，实天下之幸，岂臣等之幸！"宪宗当即答复："明日三殿对来。""三殿"，即麟德殿，在翰林院东，因殿有三面，故称。"对来"，即召对。一次，白居易在上朝议事时，直接说"陛下错"，宪宗很不高兴，密召翰林学士承旨李绛，告诉他："白居易小臣不逊，须令出院。"[①]"承旨"，实际上是首席翰林学士；"出院"，即逐出翰林院。李绛不肯，反复陈述白居易之忠，才留下了白居易。这两件事也从另外一个侧面表明宪宗对朝臣的倚重。

不过，在宪宗时代，南衙北司之争已见端倪，在宦官问题上，虽然宪宗带有很强的庇容与倾向性，但他还是能将其控制在掌握之中。

经济的核心是财政收入问题。宪宗即位后，对于两税法与榷盐法都十分重视，白居易、李翱等人围绕税法问题反复上言。李巽被任命为度支、盐铁转运使后，因地制宜地进行了一些调整与改革，仅一年时间，国家赋入就达到了刘晏时代的水平，第三年就超出了万缗。元和四年李巽死后，其后继者如程异、皇甫镈等人则执行了一种竭泽而渔的政策，其根源在于宪宗时代的政治需求。对藩镇用兵以及边防所需，是宪宗朝赋敛过度的源头，但宪宗本人的奢侈贪财以及聚敛之臣的上下其手，则是导致这一局面出现的主要原因，尤其是淮西等处平定后，更是如此。

淮西平定后，户部侍郎、度支皇甫镈与卫尉卿、盐铁转运使程异仍大量地以"羡余"名义向宪宗进献财赋，纳入宫中内库，宪宗已成为一个地地道道的守财奴。元和十三年（818年），他不顾朝臣们的激烈反对，将皇甫镈、程异同时擢任宰相，让他们更加疯狂地为自己敛财。一次，宪宗从内库中调出一批陈积多年的绢帛交给度支发卖，结果，皇甫镈统统以高价买下，作为供给边防军士的衣物。这些绢帛已腐败不堪，触即破裂，军士们怨气冲天，聚而焚之。裴度上奏此事时，皇甫镈抬脚指着

---

① 《资治通鉴》卷二三八。

自己的靴子道："此靴亦内库所出，臣以钱二千买之，坚完可久服。度言不可信。"①
当然，唐宪宗是站在他这一边的。

宪宗晚年，醉心佛道，追求长生，并下诏求天下方士。元和十三年（818年），
皇甫镈荐山人柳泌，称其能合长生药。柳泌晋见宪宗后，先要求为台州刺史，他称：
"天台山神仙所聚，多灵草，臣虽知之，力不能致，诚得为彼长吏，庶几可求。"宪
宗即命他权知台州刺史。谏官们纷纷上奏，认为："人主喜方士，未有使之临民赋政
者。"宪宗反问道："烦一州之力而能为人主致长生，臣子亦何爱焉！"②如此一来，
群臣自然缄口不言。柳泌到台州后，即驱使吏民上山采药，一年多的时间，一无所
获，举家逃入山中。浙东观察使将他捕送长安后，皇甫镈极力为之辩护，宪宗执迷
不悟，命柳泌待诏翰林，并食服他所献上的长生药。起居舍人裴潾上书，反对宪宗
服食。他认为："古者君饮药，臣先尝之，乞令献药者先自饵一年，则真伪自可辨
矣。"③宪宗看后大怒，贬其为江陵令。

在派柳泌出任台州后，又有人上言，称凤翔法门寺有佛指骨一节，灵验无比，
可保岁丰人安，请迎至京中。迎佛骨是唐代礼佛的最高形式，一般每三十年举行一
次。从唐太宗贞观五年（631年）到唐懿宗咸通十五年（874年）共举行过七次，宪
宗迎佛骨是其中规模最大的一次。宪宗即派中使率僧人们前去迎接。元和十四年
（819年）初，迎至长安。佛骨先在宫中敬存三日，又依次送往长安各寺，供人礼瞻。
整个京城喧喧攘攘，施舍不及。对这种劳民伤财的举动，刑部侍郎韩愈上《论佛骨
表》，极言谏阻，力陈其弊。他认为，自三代至于汉武，未有佛法，依然国运长久；
汉明帝以来至于南北朝，佛风日盛，而国运日蹙；梁武帝最为礼佛，三次舍身为寺
家奴，最后，却被侯景所逼，饿死台城。他主张应将佛指骨这种枯朽之物投于水火，
断天下之疑，绝后代之惑。宪宗大怒，要诛杀韩愈，在裴度等人的力保下，韩愈免

---

① 《资治通鉴》卷二四〇。
② 《资治通鉴》卷二四〇。
③ 《资治通鉴》卷二四一。

于一死，被贬为潮州刺史。

不过，礼佛也罢，方士的长生药也罢，都不可能给唐宪宗带来什么长生与不老。服用所谓的长生药后，宪宗的身体每况愈下，终日躁怒不已，左右宦官动辄得罪，人人自危。元和十五年（820年）正月，唐宪宗猝死于中和殿，时年四十三岁。当时相传他是被内常侍陈弘志、王守澄所弑，但史焉不详。①

---

① 参见齐涛主编，马新、齐涛著：《中国政治通史》5，《繁盛中转型的隋唐五代政治》，泰山出版社2003年版，第370—380页。

第九章　唐末期的政治纷争

自唐穆宗李恒历敬宗、文宗、武宗三帝至唐宣宗李忱，二十八年间，唐王朝的历史可以说是以复杂剧烈的政治纷争为主线而展开的。二十八年的政治纷争主要是沿着三个层面展开的，即中央政权与藩镇的纷争、宦官与朝臣的南衙北司之争以及朝臣内部的牛李党争。三个层面的斗争相互交错，相互影响，因而更加复杂、更加剧烈。

一、唐武宗灭佛

佛教自两汉之际传入中国后，在朝野间逐渐传播开来，对社会政治、经济、文化生活等各个方面产生了日益重要的影响。就政治方面论，佛教势力的扩张，必然会给皇权的正常运作带来阻碍甚至威胁，因而历史上不止一次地发生帝王灭佛的事件，其中最有名的，有所谓"三武灭佛"。这里的"三武"，指北魏太武帝拓跋焘（424—452年在位）、北周武帝宇文邕（560—578年在位）和唐武宗李炎（841—846年在位）。其中又以唐武宗李炎灭佛的手段最坚决，效果最显著。

佛教在唐王朝获得了空前的发展，从唐初以来几乎受到历代皇帝的青睐与支持。李唐王朝建立之初，高祖李渊、太宗李世民均信佛法。李渊起兵，曾在华阴祀佛求福。武德二年（619年），于京师长安立十大德，统摄僧尼。李世民剿灭王世充之役，也曾借助了少林武僧的力量。武德至贞观年间，太史令傅奕多次建议高祖、太宗除去佛教，根本理由是"佛在西域，言妖路远，汉译胡书，恣其假托"，"凡百黎庶，通识者稀，不察根源，信其矫诈"，"窃人主之权，擅造化之力。其为害政，良可悲矣！"[①] 但是未被采纳。后玄奘法师西行赴印度求法十七年，于贞观十九年（645年）正月二十四日回归长安。时值太宗征辽，已至洛阳。玄奘"东出谒见，相见大悦"。太宗对侍臣说："昔苻坚称释道安为神器，举朝尊之。朕今观法师词论典雅，风节贞峻，非唯不愧古人，亦乃出之更远。"[②] 太宗"是后即命翻译，国司供给，并许召大德为时推重者襄助"[③]，共译佛经七十四部，一千三百三十五卷。

此后，高宗、中宗、睿宗均信佛法。武则天建立大周之后，直接面对的政敌是唐李家族。为了夺取和巩固自己的皇权，她需要制造舆论，其中举佛抑道，以贬黜

---

① 《旧唐书·傅奕传》。

② 《大唐大慈恩寺三藏法师传》卷六。

③ 参见汤用彤：《隋唐佛教史稿》，中华书局1982年版，第10页。

李氏的宗系，是主要的措施。她宣布"释教开革命之阶，升于道教之上"①，尤其推重华严宗。武则天派人求得《华严经》梵本，翻译为汉文，"亲受笔削，并制序文"，颁行天下。但是，"武后一朝，对于佛法，实大种恶因"。武则天与白马寺僧薛怀义勾结为奸，前此大德高僧"啸傲王侯，坚守所志之风渐灭，僧徒人格渐至卑落矣"，"帝王可干与僧人之修持，而僧徒纪纲渐至破坏矣"②。

安史之乱后，兵燹连年，社会生产遭到很大的破坏，民不聊生，社会矛盾比较尖锐，统治者无力改变这一现实，不得不乞灵于佛教，以便从精神上麻痹民众。于是，佛教势力得到更大发展，僧侣地主极其猖獗。佛教寺院土地不输课税，僧侣免除赋役，佛教寺院经济过分扩张，侵蚀着官府的财政收入。方镇各置戒坛度僧，税钱充军费。寺院的伪度、私度，造成了避役者的增加和官府赋税收入的减少。因而，唐宪宗敕天下州府不得私度僧尼，但收效甚微。景云二年(711年)，敕贵妃公主家始建功德院。由于施主对住持僧有撤换权，故实际上能支配功德院地产。因而，功德院、功德坛寺往往成为大地主隐匿地产、偷免赋税的一种形式。此外，唐代寺院经营的经济部门中，邸店、店铺、碾硙、油坊、车坊的经营日益受重视。会昌时，富裕的寺有邸店多处。寺院无尽藏使唐代寺院的财富有了更多的积聚。寺院私置质库，质库常由寺库司、库子、库主等管理。

由此可见，佛教势力的恶性膨胀，对社会危害日益严重，僧侣地主与世俗地主的矛盾也愈加突出。因此，尽管政府利用佛教作为精神统治手段，但在经济利益上却不得不和寺院发生冲突。对于这一点，唐后期统治者的认识愈益清楚，禁佛之举屡有发生。③

元和十四年（819年），宪宗李纯敕迎佛骨于凤翔法门寺，刑部侍郎韩愈上表劝谏。表称"佛者，夷狄之一法耳"，黄帝至尧、舜、禹之时，"天下太平，百姓安乐

① 《资治通鉴》卷二〇四。

② 汤用彤：《隋唐佛教史稿》，中华书局1982年版，第25、26页。

③ 参见漆侠主编：《中国改革史》，河北教育出版社1997年版，第265页。

寿考，然而中国未有佛也"。汉明帝时始有佛法，其"在位才十八年耳"。宋、齐、梁、陈以下，"事佛渐谨，年代尤促"。特别是梁武帝，前后三度舍身施佛，结果却是饿死台城，国亦寻灭。"事佛求福，乃更得祸。由此观之，佛不足信，亦可知矣。"回想唐高祖当年，曾议除之，但群臣识见不远，其事遂止。陛下即位之初，"即不许度人为僧尼、道士，又不许别立寺观。臣当时以为高祖之志，必行于陛下之手。今纵未能即行，岂可恣之转令盛也"！今陛下敕迎佛骨，"无故取朽秽之物，亲临观之"，"群臣不言其非，御史不举其失，臣实耻之"。看到韩愈的奏疏，宪宗大为震怒，"将加极法"。宰相裴度、崔群为韩愈求情，称："非内怀忠恳，不避黜责，岂能至此？"宪宗说："愈言我奉佛太过，我犹为容之。至谓东汉奉佛之后，帝王咸至夭促，何言之乖剌也？愈为人臣，敢尔狂妄，固不可赦。"①仍将其贬为潮州刺史。

实际上，唐代士大夫反佛，韩愈绝非孤例。上表反佛者，唐朝代有其人。则天皇后、中宗、睿宗、玄宗、肃宗、代宗、德宗历朝，所有多多，韩愈之后，也不止一人，且其中不乏宰相、尚书级别的高官。他们所陈反佛要旨，约为以下数端：

其一，"君人者旨在政修民安，故排佛者恒以害政为言"。

其二，"人主莫不求国祚悠久，故唐朝士人，恒以六朝朝代短促归罪于佛法"。

其三，"韩昌黎表中引高祖沙汰佛徒，愿宪宗取以为法"。

其四，"僧尼守戒不严，佛殿为贸易之场，寺刹作逋逃之薮，亦中华士人痛斥佛徒之一理由"②。

韩愈反佛，未得实效，反遭贬谪。之后的穆宗李恒、敬宗李湛、文宗李昂诸朝，循例作佛事不辍。不过，"敬宗已酷信道教，道士赵归真已出入禁中。文宗已有毁法之议，大和五年禁度僧营建"③。

开成五年（840年）正月四日，唐文宗暴疾而亡。文宗"多疾无嗣"，于是穆宗

---

① 《旧唐书·韩愈传》。

② 参见汤用彤：《隋唐佛教史稿》，中华书局1982年版，第35—38页。

③ 汤用彤：《隋唐佛教史稿》，中华书局1982年版，第40页。

的第五子、敬宗及文宗的弟弟李炎即位，次年改元会昌，是为武宗。唐武宗在位六年，虽然时间短促，但却力图振刷政治，做成了两件大事：

一是裁汰冗官，提高行政效率，减轻百姓负担。

会昌三年（843 年）五月，武宗敕令"诸道节度使置随身不得过六十人，观察使不得过四十人，经略、都护不得过三十人"。十一月，再敕："中外官员，过为繁冗，量宜减省，以便军民。宜令吏部条疏合减员数以闻。"经过一段时间的调查、核定，会昌四年（844 年）七月，"吏部条奏中外合减官员一千一百一十四员"①。

二是毁法禁佛，维护皇权的政治权威、经济基础和文化支撑。

唐武宗即位之初，已表现出对佛教的贬抑态度。会昌元年（841 年）六月十二日，武宗庆生，"于大内设斋，两街供养大德及道士四对议论，二道士赐紫，释门大德均不得着"，扬道而抑佛的态势已非常明显。会昌二年（842 年）三月，因宰相李德裕奏，"敕下发遣保外无召僧，又不许置童子沙弥，是毁法已见其端倪"。十月，再敕"天下所有僧尼解烧练、咒术、禁气，背军身上杖痕鸟文，杂工巧，曾犯淫、养妻、不修戒行者，并勒还俗。若僧尼有钱谷田地，应收纳入官。如惜钱财，情愿还俗，亦勒还俗，充入两税徭役"②。会昌四年（844 年）三月，敕令不许供养佛牙，代州五台山、泗州普光王寺、终南五台、凤翔法门寺等处的佛指也不许供养。如有违者，送一钱者脊杖二十，受一钱者同罪。七月，敕令"毁拆天下山房、兰若、普通佛堂、义井、村邑斋堂等未满二百间、不入寺额者，其僧尼等尽勒还俗"。会昌五年（845 年）三月，敕令"不许天下寺置庄园，又令勘检天下寺舍奴婢多少，并及财物"，"天下诸寺僧年四十以下尽勒还俗，递归本贯"③。

经过数年的整肃，会昌五年（845 年）八月，唐武宗颁布诏令，全面毁法禁佛。诏令称：

---

① 《旧唐书·武宗本纪》。
② 汤用彤：《隋唐佛教史稿》，中华书局 1982 年版，第 41 页。
③ 汤用彤：《隋唐佛教史稿》，中华书局 1982 年版，第 45 页。

　　朕闻三代已前，未尝言佛，汉、魏之后，像教浸兴。是由季时，传此异俗，因缘染习，蔓衍滋多。以至于蠹耗国风而渐不觉，诱惑人意而众益迷。洎于九州山原，两京城阙，僧徒日广，佛寺日崇。劳人力于土木之功，夺人利于金宝之饰，遗君亲于师资之际，违配偶于戒律之间。坏法害人，无逾此道。且一夫不田，有受其饥者；一妇不蚕，有受其寒者。今天下僧尼，不可胜数，皆待农而食，待蚕而衣。寺宇招提，莫知纪极，皆云构藻饰，僭拟宫居。晋、宋、齐、梁，物力凋瘵，风俗浇诈，莫不由是而致也。况我高祖、太宗，以武定祸乱，以文理华夏，执此二柄，足以经邦，岂可以区区西方之教，与我抗衡哉！贞观、开元，亦尝厘革，划除不尽，流衍转滋。朕博览前言，旁求舆议，弊之可革，断在不疑。而中外诚臣，协予至意，条疏至当，宜在必行。惩千古之蠹源，成百王之典法，济人利众，予何让焉。其天下所拆寺四千六百余所，还俗僧尼二十六万五百人，收充两税户，拆招提、兰若四万余所，收膏腴上田数千万顷，收奴婢为两税户十五万人。隶僧尼属主客，显明外国之教。勒大秦穆护、袄三千余人还俗，不杂中华之风。於戏！前古未行，似将有待；及今尽去，岂谓无时。驱游惰不业之徒，已逾十万；废丹雘无用之室，何啻亿千。自此清净训人，慕无为之理；简易齐政，成一俗之功。将使六合黔黎，同归皇化。尚以革弊之始，日用不知，下制明廷，宜体予意。[①]

　　诏令分析佛教盛行的危害，"蠹耗国风"，"诱惑人意"，不仅"劳人力于土木之功，夺人利于金宝之饰"，更严重的是"遗君亲于师资之际，违配偶于戒律之间。坏法害人，无逾此道"。宣示禁佛的根据和理由，"朕博览前言，旁求舆议，弊之可革，断在不疑"，"惩千古之蠹源，成百王之典法，济人利众，予何让焉"，道理很充分，效果也很显著。其旨意核心，当在维护皇权的最大利益，不使其受到来自异域宗教的侵蚀。

　　唐武宗毁佛，也有政府与寺院在经济上矛盾冲突的原因，在措施推行后，政府

---

① 《旧唐书·武宗本纪》。

获得了大利。诏令一下，全国拆毁佛寺四千六百多所，僧尼还俗二十六万多人以及寺奴十五万多人，皆收充两税户，并从昔日寺院手中收回膏腴良田数千万顷，充为公田。

当然，唐武宗禁佛，也不是赶尽杀绝，而是留有一定余地。"敕上都、东都两街各留二寺，每寺留僧三十人；天下节度、观察使治所及同、华、商、汝州各留一寺，分为三等：上等留僧二十人，中等留十人，下等五人。"[①] 就此而论，武宗灭佛政策之把握，还是有一定分寸的；且对宗教的认识，也有其基本理性的一面。[②]

武宗灭佛是晚唐政治史上的一次大事件，是皇权对教权的一次打压。会昌毁佛是唐武宗时期政治、经济改革的一项重要措施。面对佛教势力的恶性膨胀、害国蠹民的现实，武宗与李德裕君臣大胆改革，清除祸国殃民的腐朽势力，为国家节省了大量财赋，也解放了大批劳动力，对恢复和促进社会生产发展具有一定的积极意义。

二、南衙北司之争

南衙北司之争是指唐朝后期外廷官僚集团与内廷宦官集团之间争夺权力的斗争。南衙，即宫禁之南的宰相官署；北司，即宫禁北部宦官所在的内侍省。南衙北司之争，肃宗、代宗时期便已开始，至宪宗时趋于明朗化，穆宗之后演成激烈的朝廷内部之争。穆宗、敬宗实际上都死于宦官之手。文宗即位后，很想励精图治，整饬山河，有一番作为。他要解决的第一个问题便是宦官问题。

文宗即位以后，朝野上下对宦官问题越来越忧心忡忡，但几乎所有的人都是敢怒不敢言。太和二年（828年），刘㥽的对策终于打破了这种沉闷。他是敬宗朝进士，这一年，应制举"贤良方正能直言极谏科"，在对策中，他力陈宦祸之烈，主张收回权阉之权，使其各安其位，并对时政中的积弊如朋党之争、藩镇之跋扈等都提出了

---

① 《资治通鉴》卷二四八。

② 参见何晓明著：《中国皇权史》，武汉大学出版社 2015 年版，第 303—308 页。

自己的治理主张。

　　当时，宫中宦官之首是神策军左右中尉王守澄，他强项跋扈，独断专行。朝中宰相先是李德裕与李宗闵朋党相争，接着又双双被贬，只剩下软弱无力的王涯等人。唐文宗自即位以来，即不甘心处在权阉钳制之中，一直试图彻底摆脱这一局面，但两次努力都功亏一篑。

　　文宗的第一次努力是启用翰林学士宋申锡。宋申锡无党无派，忠厚朴讷，与宦官也没有任何瓜葛，文宗与他密议了几次之后，认定他是一位可倚重之人，遂在太和四年（830 年）七月，任宋申锡为相，要依托这位新相诛除权阉。次年二月，宋申锡荐吏部侍郎王璠为京兆尹，并将文宗的用意告诉了他。谁知，宋申锡用非其人，王璠很快便将这一密谋泄露给王守澄。在王守澄的指使下，其门客郑注积极策划为宋申锡罗织罪名，先发制人。

　　当时，文宗之弟漳王李凑贤明练达，声望颇高，郑注授意神策都虞候豆卢著诬告宋申锡谋大逆，罪名是要废文宗，拥立漳王，这是十恶不赦之罪，用意当然是要将宋申锡置于死地。接到举报，王守澄当即上奏。根据《资治通鉴》卷二四四记载，文帝相信此说，而且大怒，王守澄即要派两百神策军屠灭宋氏一家，却被另一位宦官、飞龙使马存亮谏止。这天逢旬休日，按朝廷习惯，每逢旬日，百官可居家休沐，不到官衙办公。文宗派人将宰相们全部召到延英殿，宋申锡行至中书省东门时，被告知："所召无宋公名。"他明知自己将有不测，但未有任何反应，只是将笏板"叩头而退"。

　　文宗向宰相们出示了王守澄的奏章，宰相们无不愕然，还未等众人反应过来，文宗便命王守澄将宋申锡案所牵连人员捕入禁中审讯。三月，将宋申锡罢为右庶子。自宰相到大臣多缄口不言。严刑之下，被捕入禁中的相关人员自然服罪。这时，百官中陆续有人为宋氏申冤。牛僧孺对文宗说："人臣不过宰相，今申锡已为宰相，假使如所谋，复欲何求？申锡殆不至此！"[1] 至此，文宗仍没有宽宥之意，倒是郑注担

_____

[1] 《资治通鉴》卷二四四。

心若执意定为谋大逆罪，在覆案中会有破绽，便劝王守澄将宋申锡等人从轻发落。这样，漳王李凑被贬为巢县公，宋申锡贬为开州司马。飞龙使马存亮请求致仕。

在这场悲剧中，使人感触最深的是文宗的圆滑与自私。他一任王守澄从容地处置受他之命要诛除宦官的宋申锡，上自君王下至宰相百官，竟然无一人能如一个宦者马存亮。遇到这样一位心力不济的君主，与宦官较量的结局可想而知。

四年之后，也就是太和九年（835 年），文帝又进行了诛除宦官的第二次努力。这次，他依托的干将恰恰是宋申锡案的元凶郑注以及被郑注引荐给王守澄的李训。

郑注，绛州翼城（今山西翼城）人。其人聪敏狡黠，能言善辩，颇懂医术。他先是在徐州节度使李愬门下，后由李愬介绍给监军王守澄。据《旧唐书·郑注传》记载，两人"促膝投分"，一见如故，"恨相见之晚"。王守澄进京任枢密使后，郑注也随之而来。为赏其构陷宋申锡之功，王守澄荐其为右神策军判官，后升至工部尚书、翰林侍讲学士。李训，为李逢吉从子，进士出身，通过郑注攀附上王守澄后，也在太和八年（834 年）十月被任命为翰林侍讲学士。这两位宦阉的依附者很快又取得了文宗的信任。当时的朝中仍是朋党倾轧，文宗常常感叹："去河北贼易，去朝中朋党难！"[①]而郑注、李训又有依附宦官的背景，在这种情况下，文宗选择了自认为最安全的一个方案：依托郑、李，明修栈道，暗渡陈仓，达到清除权阉的目的。而郑注、李训也想利用文宗这一动机，改换门庭，获取更大的政治利益。

根据郑注、李训的策划，他们的整个计划分两步进行：第一步是贬逐朝中的牛李党人，援引造就自己的势力，奠定两人在朝中的地位。与此同时，着手削弱宦官势力。第二步是选取适当时机，将宦官势力一网打尽。

太和九年（835 年），在不到一年时间内，郑注、李训连逐李宗闵、李德裕、李固三相，朝官之中，凡与郑、李不协者，皆被指为朋党，加以贬逐。十月，李训与依附于郑、李的舒元舆同时被任命为宰相，掌握朝柄，王涯、贾𫗧诸相拱手而已。郑注也被任命为凤翔节度使。十一月，任命郑、李之党大理卿郭行余为邠宁节度使，

---

① 《资治通鉴》卷二四五。

户部尚书王璠为河东节度使，太府卿韩约为左金吾卫大将军；又将原京兆尹李石改任户部侍郎，以京兆少尹罗立言代理府事。这样，朝中有李训、舒元舆为相，又有韩约掌握金吾卫士，长安城在罗立言的管辖之下，与拱卫长安的三处重镇凤翔、邠宁、河东形成掎角之势，内外呼应，似乎已稳操胜券。

与此同时，郑、李展开了对宦官集团的攻势。太和九年（835年）八月，宦官、右领军将军仇士良被任命为左神策中尉。

仇士良拥立文宗有功，且与王守澄不和，他的任命直接分了王守澄之权。原左神策中尉韦元素以及枢密使杨承和、王践言三位权阉与王守澄争权不和，郑、李借机将他们都斥出京城，到外地为监军。接着，又指控他们与李宗闵、李德裕互相连结，并一一赐死。宦官陈弘志被认为是谋杀宪宗者，当时为山南东道监军，也于九月被召回，至青泥驿杖杀。至此，宦官势力已有所削弱，郑、李立即将矛头指向王守澄。他们先任命王守澄为左右神策观军容使，兼十二卫统军，免去其右神策中尉、行右卫上将军、知内侍省事三职，名为尊宠，实则去其实权。十月，派中使李好古至其宅第，赐毒酒逼其自尽。

王守澄一死，宦官中坚即去，郑、李两人开始了第二步计划的实施。王守澄死后第四天，郑注离京赴凤翔上任。十一月初，刚任命的王璠、郭行余也准备分赴河东、邠宁上任。郑注赴任前，与李训谋划的方案是借王守澄下葬之机，召全体宦官送葬，郑注率凤翔亲兵前来护葬，将宦官们全部剪除。郑注离京后，李训却另有想法。他虽然因郑注而至朝堂，又与之联手操纵权柄，但此时却想独占此功，而且要连同郑注一并除掉。他与郑注合谋后，即对亲信们说："如此事成，则注专有其功，不若使行余、璠以赴镇为名，多募壮士为部曲，并用金吾、台府吏卒，先期诛宦者，已而并注去之。"[1] 于是，他决计独立行动。

十一月二十一日，文宗在紫宸殿听朝，百官排列整齐后，按照常规，金吾将军要奏称："左右厢内外平安。"但当值的左金吾大将军韩约不报平安，而是奏称左金

---

[1] 《资治通鉴》卷二四五。

吾官衙后石榴树夜降甘露，宰相们率百官向文宗道贺。李训、舒元舆建议文宗亲自前往察看。文宗命宰相等人先行察视，过了许久，李训方返回禀报不像真甘露。文宗故作惊讶，道："岂有是邪！"回头又命左右神策中尉仇士良、鱼弘志率宦官们前往。到了左金吾后，陪同的韩约已变色流汗，忐忑不安。仇士良问："将军何为如是？"韩约惊恐不已，答非所问。这时，已十分警觉的仇士良又听到兵器碰撞声，知道中了埋伏，遂率众急速退回，直奔文宗。李训急召金吾卫士护驾，喊道："来上殿卫乘舆者，人赏钱百缗！"宦官们将文宗扶上软舆，冲破殿后的网幕，要回宫中。李训拉住文宗的软舆大喊："臣奏事未竟，陛下不可入宫！"①这时，金吾卫士已登上殿来，罗立言率京兆府巡逻士卒三百余人、御史中丞李孝本率御史台属吏二百余人也分头赶来，与宦官们展开混战。仇士良等人则挟文宗继续向宫中退去，李训仍未松手，大声疾呼。这时，文宗不仅未能配合行动，反而呵斥李训放手，宦官们乘机将李训击倒，拥文宗进入宫中。

随着宫门的关闭，李训等人意识到大势已去，各自逃去。进入宫中的宦官们在大呼"万岁"之后，则急急派出神策军士，大开杀戒，又将宰相们并相关联的朝官们统统擒至神策左军。二十五日，左神策军士三百人，以李训首级开道，押着王涯、王璠、罗立言、郭行余；右神策军士三百人，押着贾餗、舒元舆、李孝本，巡游东、西两市，令百官前来观看。接着，将他们全部腰斩。其亲属不论亲疏一律处死，未处死的妻女罚作官奴婢。宦官们借机血洗长安城，有一千多人惨遭杀害。

甘露之变发生之际，郑注也正率亲兵赶往长安，行至扶风，知李训败亡，遂返回凤翔，二十五日，被监军张仲清所杀。"甘露之变"以流血失败而告终。

甘露之变实际上是唐后期南衙北司长期矛盾的总爆发，其结果造成了宦官们对朝政与皇权更强有力的控制。事变后不久，枢密使竟堂而皇之地出席了御前决策会议——延英殿会议，以后便成为惯例。朝廷大臣的升降罢留，常在宦官的把持操纵下，就连位极人臣的宰相们也要看他们的眼色办事。宰相们常邀请枢密使参议朝政。

---

① 《资治通鉴》卷二四五。

如武宗即位初，欲处死旧相杨嗣复、李珏，宰相李德裕“三上奏，又邀枢密使至中书，使入奏”[①]，二相方才获救。枢密使也常到中书门下与宰相议事。据《资治通鉴》卷二五〇记载：“一日，两枢密使诣中书，宣徽使杨公庆继至，独揖悰受宣，三相起，避之西轩。公庆出斜封文书以授悰……公庆去，悰复与两枢密坐，谓曰：‘内外之臣，事犹一体，宰相、枢密共参国政。’”

甘露之变后，皇帝的生死废立也完全操纵在宦官手中。顺宗以后的九位皇帝中，除敬宗是以皇太子继位外，其他八帝全由宦官擅自拥立，而敬宗最后也为宦官所杀。皇帝变成了宦官的傀儡。

开成四年（839 年），文宗在思政殿，召来当值的翰林学士周墀，问：“朕可方前代何主？”周墀答道：“陛下尧、舜之主也。”文宗很伤感地说：“朕岂敢比尧、舜！所以问卿者，何如周赧、汉献耳。”周墀惊诧地问：“彼亡国之主，岂可比圣德！”文宗道：“赧、献受制于强诸侯，今朕受制于家奴，以此言之，朕殆不如！”[②]说罢，涕下沾襟。

开成四年（839 年）十月，文宗立敬宗少子陈王李成美为太子。次年正月初一，文宗病危，命枢密使刘弘逸、薛季棱及宰相杨嗣复、李珏辅太子监国。左军中尉仇士良、右军中尉鱼弘志借口太子年幼且有疾病，改拥穆宗第五子颍王李炎为皇太弟。初三日，文宗卒，仇士良等杀太子成美并文宗近侍，立李炎为帝，是为武宗。[③]

“甘露之变”是文宗挽救时局、变革社会过程中所发生的一次政治事件，但是他们与代表着腐朽社会势力的宦官集团的斗争，终因没有可靠的政治力量和缺乏社会基础而陷于失败。这次失败给朝局带来了严重灾难，朝廷大权全归北司，唐文宗被宦官监视，只好饮酒求醉，赋诗遣愁，自称受制于家奴。开成五年（840 年），文宗病死。从文宗以后，真正试图诛除宦官势力、铲除宦官专权的政治改革再未出现。

---

① 《资治通鉴》卷二四六。

② 《资治通鉴》卷二四六。

③ 参见齐涛主编，马新、齐涛著：《中国政治通史》5，《繁盛中转型的隋唐五代政治》，泰山出版社 2003 年版，第 385—392 页。

出现宦官专权的局面主要是由于宦官执掌了禁军。从平定安史之乱时开始，肃宗为赏赐有功的宦官李辅国，给了他一部分军队。肃宗返京后，李辅国权势更盛，禁军全在他掌握之中。从此，宦官势力日炽，到后来甚至把持朝政，诛伐异己，废立皇帝，可谓无法无天。朝臣们借助于皇权向宦官夺权的事情也时有发生，文宗时发生的"甘露之变"就是宦官与朝臣之间的一次血战，但最终朝臣因没有兵权而败于宦官手中。甘露之变后，皇帝日益变成宦官手中的玩物，宦官集团完全掌握了军政大权。宦官专权与唐王朝中央政权的生存形影相伴，共存共亡，成为晚唐历史上特有的一种政治现象。

三、牛李党争

朋党之争是唐后期政治纷争的第三条主线。

唐朝中央官员主要由两部分人组成：一是门荫入仕的官宦贵族子弟；一是科举出身的官员，他们大多来自庶族地主，倾向与门阀士族作斗争。科举出身的官员，由于政治地位相近，情趣相合，极易结成党派。是时，同榜进士称"同年"，进士对主考官称"座主"，被录取的进士为"门生"，门生与座主关系密切，互相援引，形成一个政治上的小圈子。士族地主虽已衰落，而且其地位每况愈下，但是，他们仍然以自己的门阀资历自矜，看不起庶族地主。这两种官员不断进行明争暗斗，而以长庆（821—824）至大中（847—860）年间的"牛李党争"历时最久、范围最广、斗争最为激烈。[1]党争的分歧主要表现在对科举取士的态度、对藩镇的态度、对佛教的态度、对裁减冗吏的态度等方面。

唐文宗对朝中朋党曾发过两次感慨，一次是讲："去河北贼易，去朝中朋党难。"另一次是讲："方今朝士三分之一为朋党。"[2]很有些无可奈何之意。朝中官僚间的

---

[1] 参见施建中主编：《中国古代史》（下册），北京师范大学出版社1996年版，第67页。

[2] 《资治通鉴》卷二四四。

结党与党争贯穿于整个中国古代政治史始终，但像唐后期这样阵线分明、绵延五帝四十余年间的牛李党争还不多见。

牛，指牛僧孺；李，指李德裕。比较著名的牛党成员有李宗闵、李逢吉、韦贯之、白敏中、杨嗣复、杜悰、段文昌、令狐楚、令狐绹等人；李党成员则有李绅、裴度、郑覃、陈夷行、韦处厚、李让夷、李回、王茂元等人。两党相争的源头起自宪宗元和三年（808年）。这年四月，宪宗策试贤良方正直言极谏科举人，伊阙尉牛僧孺、陆浑尉、皇甫湜以及进士及第、华州参军李宗闵在对策中抨击朝政，目标直指当朝宰相李吉甫，被考官吏部侍郎杨於陵、吏部员外郎韦贯之评为上第。李吉甫此时正被宪宗信用，主持平藩。在他的泣诉下，杨於陵、韦贯之均被贬黜，牛僧孺等人自然也不会被启用，这是牛李党争的开始。

唐穆宗长庆元年（821年），右补阙杨汝士与礼部侍郎钱徽掌贡举，同平章事、西川节度使段文昌与翰林学士李绅都有书信嘱托，但放榜时，段文昌与李绅所嘱托的士子一概榜上无名，及第者中，公卿子弟颇多，有裴度之子裴譔、给事中郑覃之弟郑朗、中书舍人李宗闵之婿苏巢、杨汝士之弟杨殷士等。段文昌上奏穆宗："今岁礼部殊不公，所取进士皆子弟无艺，以关节得之。"唐人称相互请托为"关节"，这是对这次科举取士不公的抨击。唐穆宗知道后，向翰林学士们询问此事，李德裕、元稹、李绅都说："诚如文昌言。"[①]穆宗命中书舍人王起复试，结果，将郑朗等十人的进士及第取消，而且将钱徽、杨汝士、李宗闵分别贬为江州刺史、开江令、剑州刺史。

李德裕是李吉甫之子，李吉甫与李宗闵、牛僧孺十几年前的怨结至此正式爆发。此后，随着他们陆续进入中枢，掌握朝政，朝中官僚们或依李党，或附牛党，或依违于两者之间，当然，也有一些非李非牛相对超脱的官僚，但他们已是非主流的陪衬。朝堂之上，要么是牛党当权，要么是李党秉政，要么是牛、李两党相持不下，要么是两党内部自相争斗，可以说政治纷争无一宁日。

---

① 《资治通鉴》卷二四一。

实际上，所谓的牛李党争，其基点不是政见之争，更不是信仰理念之争，而是官僚集团中的权力之争、个人恩怨意气之争。

上面已经提到，牛李两党由科举取士事件而开始结怨。事情发生于元和三年（808年），牛僧孺、皇甫湜、李宗闵等人在参加制科考试中，直言不讳地指斥时政之失，要求改革政治。担任主考官的是吏部侍郎杨於陵和吏部员外郎韦贯之。主考官对于牛僧孺等人的对策十分赞赏，故把他们取在上等。但当时的宰相是门荫势力的代表人物李吉甫，他认为牛僧孺等人攻击的矛头是指向自己的，就到皇帝面前哭诉，诋诬主考官作弊不公，唐宪宗不问是非，把同阅卷有关的大小官员都贬逐出京，牛僧孺等也长期不予升迁，这是牛李党争的序幕。

宪宗元和九年（814年），李吉甫去世，牛僧孺、李宗闵等人在仕途上不再有阻力，两人因此而慢慢进入朝廷并获得高位。与此同时，李吉甫之子李德裕亦获得重用。从此，以李德裕、郑覃、李绅为首的门阀势力和以牛僧孺、李宗闵、杨嗣复、杨虞卿为首的新官僚集团之间便展开了长达四十年的党派斗争。当一派得势时，另一派就要遭殃。他们相互报复，迭相起落。在党争中，李德裕、郑覃等人拼命反对科举制，强调门荫取士的好处，李德裕本系赵郡士族，祖父做过御史大夫，父亲是宰相，他自己凭门荫得官，少年时就"耻与诸生同乡赋，不喜科试"①。郑覃也是属于荥阳大族，父亲郑珣瑜官至宰相，他自己长于经学，以父荫得官，所以最反对进士的"浮华"，"稍析文章之士"。郑覃曾屡次请求文宗废除进士科，但文宗认为"轻薄敦厚，色色有之，未必独在进士，此科置已二百年，亦不可遽改"②，才未被取消。不过，在李党当政掌权时，采取许多措施来防止进士的聚朋结党，李德裕说：新进士"怀赏拔之私惠，忘教化之根源，自谓门生，遂成胶固，所以时风浸薄，臣节何施。树党背公，靡不由此"③。李德裕做宰相后，指责新科进士们的各种集会庆贺是"附党

① 《旧唐书·李德裕传》。
② 《旧唐书·郑覃传》。
③ 《全唐文》卷七〇一《停进士宴会题名疏》。

背公，自为门生"①。故他下令，把进士及第后的门生拜座主、曲江会、慈恩寺塔题名等尽行罢去。李党冀图用这种办法来削弱牛党势力。牛党的牛僧孺，本为寒门子弟，伪托隋朝吏部尚书牛仙客之后。实则，牛僧孺出身胥吏，"少孤贫"，玄宗时虽贵为宰相，但连庶族出身的张九龄也瞧不起他。李宗闵是唐王室的支裔，他"与牛僧孺同年登进士第，又与僧孺同年登制科"②，两人即由进士科结合起来。

杨嗣复则与"牛僧孺、李宗闵，皆权德舆贡举门生，情义相得，进退取舍，多与之同"③。牛党的人员一般都是科举出身，他们相互援引，利用科举制结成朋党。

牛李党争十分激烈，同派人相互提挈，对异派则排斥打击。两党势力的盛衰消长在一定程度上体现了皇帝对科举制的态度。例如武宗喜用门荫之士，故他用李德裕为宰相，李德裕尽逐牛党，牛僧孺被贬为循州长史，李宗闵长流封州。但唐武宗死后，形势发生逆转，继位的宣宗是个科举迷，他曾自题为"乡贡进士李道龙"，并且"爱羡进士，每对朝臣问登第否？有以科名对者，必有喜"④。这自然使他同牛党情趣相合。在宣宗的支持下，以进士为主体的牛党立刻得势，牛党骨干白敏中被擢为宰相，他将李党概行斥逐，李德裕被贬死崖州。这样，前后持续四十余年的牛李党争，终于以代表士族利益的李党彻底失败而告终。白敏中尽废李德裕所为，科举更为兴盛。综观牛李党争的过程，科举的兴废变革始终是双方斗争的焦点之一。

贯穿唐代中后期的朋党之争，是统治阶级内部两个不同利益集团之间的斗争，是新官僚集团与依恃门第的旧士族集团之间的斗争。

唐代的安史之乱、朋党之争、宦官专权、藩镇割据共同构成了影响中晚唐历史进程的四大重要因素。朋党之争的出现不仅毒化了政治空气，影响了中央政府的运作效率，更重要的是导致了当朝官员士大夫全身心投入到无限度的争权夺利与尔虞我诈的过程之中。大唐最具智慧的一群人，把他们的毕生精力放在了内斗之上，白

① 《新唐书·选举志》。
② 《旧唐书·李宗闵传》。
③ 《旧唐书·杨嗣复传》。
④ 《唐语林》卷四《企羡》。

白浪费了对国家建功立业的机会。双方党同伐异，以私废公，导致朝廷的政策朝令夕改，最终消耗国力，发展到后来，"唐之诸臣，皆知有门户而不知有天子者"。实际上，这一时期的文人士大夫如群星闪烁，层出不穷，并且不乏文化泰斗级的人物，比如韩愈、柳宗元、白居易、元稹等。但是他们几乎无一例外地陷入了党争的泥潭，深陷其中无法自拔。这不只是他们个人的悲哀，也是中国士大夫传统价值观由此开始堕落的悲哀。他们最终没有将自己身上优秀的文化素养转化为优秀的政治素质以用于治国安邦，这也许正是唐王朝衰亡的原因之所在吧。

第十章　黄巢起义与唐末政局

自唐懿宗即位，唐王朝政治可谓江河日下，再无宁日。政治腐败，民不聊生，周边环境恶化，各地农民与士卒群起反叛。裘甫、庞勋起兵，拉开了唐末农民大起义的序幕。至唐僖宗时代，终于爆发了震撼全国的黄巢农民大起义，农民军南征北战，攻入长安，建立了大齐政权，虽然为时不久便被镇压，但唐代政治格局也由此彻底改写，利用镇压黄巢起义的时机，各地军阀实力大大扩张，终成尾大不掉之势，统一的唐王朝已经不复存在。公元907年，朱温灭唐，建立后梁政权，标志着李唐近三百年的帝国政权，至此终结。唐王朝从安史之乱开始，到朱温建梁，期间安史之乱、宦官专政、朋党之争、藩镇割据是导致唐王朝灭亡的基本因素。

一、黄巢起义

黄巢，曹州冤句（今山东曹县西北）人。他家原是祖传的私盐贩子。唐代的盐税是政府的重要收入，盐禁甚重，贩盐一石以上者皆处死。在这种情况下，贩盐者多结帮成伙，武装贩盐。而黄巢之所以起兵造反，并在战斗中成长为起义军领袖，其先前的生活阅历，起了很大的作用。

从黄巢自身条件来看，他确实是个地道的乱世枭雄。他文能通达翰墨，曾几次应试进士科，但皆名落孙山，为此他满怀激情地写了两首千古流传的著名诗篇，一首是《题菊花》："飒飒西风满院栽，蕊寒香冷蝶难来。他年我若为青帝，报与桃花一处开。"另一首是《不第后赋菊》："待到秋来九月八，我花开后百花杀。冲天香阵透长安，满城尽带黄金甲。"这两首诗充分表明了他的志向与奋斗目标。黄巢家资丰厚，喜交结豪杰好汉，这些都是乱世枭雄的特征，但他起事并不想当乱世枭雄，而是想成为开国之主。然而，"一将功成万骨枯"，这样的事业是建立在无数人失败的基础上的，是一个不断地用生命与鲜血试错的过程。

起初，黄巢虽然以贩卖私盐为业，但是也希望从科举考试中博得个一官半职，以便能光宗耀祖、封妻荫子。经历了几次落榜的打击，失望之余，黄巢对社会产生了极度的不满，又适逢乱世，从而命运推动着他成了一位乱世枭雄。

不过，黄巢起义的真正缘由，是因为唐末军阀混战、社会动乱，在天灾人祸连年不断的情况下，广大民众生活不下去了。

从唐懿宗统治末年起，山东、河南一带连遭大灾。而历经裘甫起义、庞勋起义打击的唐王朝经济濒临崩溃，财政赤字达到三百万贯。所以对于天灾，朝廷既无心赈济，也无力赈济。加之地方官员又搜刮无度，最终酿成大乱。

当时民间盛传着这样一首民谣："金色蛤蟆睁怒眼，翻却曹州天下反。"每逢乱世必有反常，这句民谣的来源已经不重要了，重要的是，民心思变。

最先发动唐末大规模农民战争的首领人物并不是黄巢，而是王仙芝。

唐僖宗乾符二年（875年），王仙芝在长垣（今河南长垣东北）率先揭竿而起。

乾符二年（875年）五月，王仙芝领导义军连续攻克曹州（今山东定陶西）、濮州，一时间天下动荡。王仙芝自称"天补平均大将军"，兼"海内诸豪都统"，向各地发出檄文，揭露朝廷种种弊端和腐败现象，号召民众起来抗争。

同年五月，黄巢在家乡与族兄弟子侄黄存、黄揆、黄思邺及外甥林言等八人聚众起兵，响应王仙芝，由于饥民众多，几天内就顺利地募了数千人，与王仙芝会师，攻陷河南十五州，将队伍扩大到数万人。

为了镇压起义军，唐朝统治者急调诸道军兵，从南、北、西三面进行围击。王仙芝、黄巢突出包围，引军进攻沂州（今山东临沂）。在屡攻不下的情况下，回军河南，攻下河南八县。乾符三年（876年）九月，攻克汝州，杀唐将董汉勋，俘汝州刺史王镣，直指东都洛阳。官军驰援洛阳，在陈州（今河南淮阳）与许州（今河南许昌）东西两地设置防线，企图形成夹击之势。起义军见急切之间洛阳难以攻克，转向官军薄弱地带——江淮地区，兵临蕲州（今湖北蕲春）城下。王镣是宰相王铎堂弟，王镣为王仙芝写信给蕲州刺史裴偓，表示愿意接受招安。王仙芝早存受招安之心，由是一拍即合。裴偓没有食言，为王仙芝求来左神策军押牙兼监察御史之职。

这明显是裴偓使计，用个虚职挑拨王仙芝和黄巢的关系，黄巢果然大怒，并坚决反对王仙芝降唐，一怒之下还击伤了王仙芝的头。

王仙芝也因为这个官职没有地盘，拒绝了朝廷的委命。但是王仙芝和黄巢已经心生芥蒂，无法再联合作战了，于是他和黄巢兵分两路，自率一路留在江淮经营，由黄巢领一路北上挺进齐鲁平原。

分兵之后，王仙芝一路并无太大的作为，虽攻下了不少城池，但得而复失的也不少。他又受招安之累，屡被官军所利用，陷入了非常被动的地步。乾符五年（878年）二月，王仙芝在黄梅（今湖北黄梅西北）之役中战败被杀。

王仙芝的余部，在尚君长之弟尚让的率领下，北上与黄巢会合。黄巢正攻亳州（今安徽亳州）不下，得了这支生力军，实力大增。尚让等人推黄巢为黄王，号"冲天大将军"，建元王霸，设立官属，正式成立了自己的政权。

黄巢建立王霸政权后，乾符五年（878 年）春，起义军由山东进入河南，近逼洛阳，唐朝廷以重兵抵抗。黄巢认识到中原地区唐军兵力较强，于是便改变战略进攻方向，采取避实就虚，挥师南下，将兵锋指向唐军力量薄弱的江南。起义军渡过长江，由皖南入江西，再进浙江，从衢州（今浙江衢县）开仙霞岭山路七百里，进入福建，克福州。乾符六年（879 年）越过大庾岭，进入岭南，攻克广州，又兵占桂州（今广西桂州），控制了两广地区。

尽管黄巢占领了被朝廷视为聚宝盆的两广地区，然由于战争的缘故，实际上这里没多少经济来源。此外，黄巢所率军士大多是北方人，在岭南水土不服，军中又流传疫病，"死者十三四。众劝其北归，以图大利"。[①] 于是黄巢决定重新北上。黄巢北还，水土不服是一个原因，恐怕最重要的是，南方人口稀少，不足以支持他的军队需要。

乾符六年（879 年）十月，起义军从桂州北上，进入湖南，攻下潭州（今湖南长沙），攻占江陵（今属湖北），在襄阳（今湖北襄阳、樊城）受阻，便沿江东下，经江西、安徽、浙江，至僖宗广明元年（880 年）七月，起义军过长江、跨淮水，进入河南，队伍扩大至六十万人。十一月，攻克洛阳，唐朝廷大为震惊。十二月，攻破潼关，黄巢亲率大军直趋长安。十二月五日，唐僖宗仓皇出逃成都。同日，起义军进入长安。

广明元年十二月（881 年）十三日，黄巢登上了帝位，国号大齐，改元金统，并上尊号为"承天应运启圣睿文宣武皇帝"，仿唐朝体制建立政权机构。对唐朝旧臣，黄巢采取了区别对待的政策，三品以上官员免职，四品以下官员留用，有重大民愤的贪官和宗室处死，招降各藩镇。

黄巢从起兵到攻入长安，一直没有明确的战略目标，也没有建立巩固的根据地，所以也没有网罗治理地方的人才。黄巢的军事才能也一般，之前所打败的多是疏于武备的藩镇和地方。大军纵横半个大唐不是战略机动，而是被各部唐军堵截，不得

---

① 《旧唐书·黄巢传》

不转战。黄巢攻克洛阳、长安实际上是唐朝各藩镇纵容的结果。进入长安以后，黄巢没有认识到追击残敌的重要性，给了唐朝统治者喘息的机会。

中和元年（881年）春，由长安逃进巴蜀地区的唐僖宗，利用当地的丰富物资，开始组织反攻。凤翔节度使郑畋率先纠集关中数万军队，向长安攻来。同时，沙陀族李克用亦应唐僖宗的乞援，派骑兵前来助战。

在这关键时刻，被黄巢委以重任的同州（今陕西大荔）防御使朱温（朱全忠），叛降了唐军，献出同州这个长安的桥头堡，长安由此暴露在唐军面前。陷入被动的黄巢，经过长期苦战，拖到中和三年（883年）四月，不得不撤出长安向中原退去。五月，起义军到河南，攻打陈州（今河南淮阳）。陈州刺史赵犨顽强抵抗，并擒斩孟楷。黄巢闻爱将被斩，急怒攻心，围困陈州近十个月，由此丧失了战略主动，唐军数路合围，黄巢被迫从陈州撤围，引兵向汴州方向奔进，尚让率五千精锐兵卒直逼大梁（今河南开封），但是被唐军击败，尚让等旧部投降唐军。

中和四年（884年），黄巢转而退向山东，李克用紧追不舍，黄巢一路逃亡，部将消耗殆尽，六月退到狼虎谷（今山东莱芜西南），在这里，黄巢被杀，唐末农民战争失败。

关于黄巢义军之失败，古来议论颇多。但从根本上看，黄巢义军之败，不在于力量多寡的悬殊，也不在于黄巢是否为农民军领袖，关键在于黄巢的战略选择与他的政治家素养不够。综观唐末各藩镇的角逐过程，我们可以深切感受到军事力量的消长变化，只要把握天时地利，作出正确的抉择，采取行之有效的组织与控制手段，就会由弱到强，由小到大。唐末时期，政治道德已荡然无存，反叛者不仅可以不受惩戒，反而被加官晋爵者更是多见。从庞勋到黄巢，唐政府不止一次地要招安授予他们官职，尤其是黄巢盛时，那些称臣的也好，观望的也好，包括那些积极围攻的，他们实际上都没有把黄巢视为政治上的异类，他们的行为不都是以王朝利益为转移，更多的还是从自身利益出发。朱全忠正是利用了这一点，成就了自己的基业。

黄巢从起兵到失败，其重大失误有六：

其一是起义军千里流徙，一直未能建立属于自己的根据地。黄巢农民军攻城略地，得之即弃，物力、人力上都没有可靠的保障，这样，虽然最后攻入关中，直取长安，却只能坐守孤城。

其二是黄巢未追穷寇。在僖宗仓皇出逃、援兵不继、整个王朝一片混乱之时，黄巢不是及时地直追穷寇，而是忙于建国称帝，使僖宗得以喘息并号令各地唐军集结与反攻。

其三是黄巢坐守空城，未能及时进行战略调整。攻入关中，直取长安，应为上策；若擒获僖宗，则是上上策。但僖宗一去，长安意义顿失。长安的价值在于帝王、朝廷所在，即全国政治中心所在，长安的经济依托则为扬、益二州。黄巢攻入长安后，未擒获僖宗，而江淮与益州的供给又马上中断，长安实际上成为孤城、危城，成为四战之地。在这种情况下，黄巢久滞于此，只能坐以待毙。

其四是黄巢政治素养的欠缺。黄巢即位后，在军事上有两次重大失误：一是屯兵陈州（治今河南淮阳），坐失战机；二是北上汴梁，送入虎口。这两个事件又都反映了黄巢的意气用事。围陈州不去，是为了他的大将孟楷；北上汴梁，则是要与朱全忠秋后算账，但时机未到。他的政治素养与气度比之刘邦要差了许多。

其五是黄巢对整个局势缺少清醒的认识。黄巢对当时的政治局势尤其是对唐朝藩镇的两面性认识不足，只满足于一些藩镇表面的臣服，未实施进一步的控制或瓦解。这在其内部大将的表现上也可以看出。形势一旦逆转，不仅臣服藩镇纷纷倒戈，其内部大将也屡有反叛，直至最后几同孤身。从这个意义上也可以说，黄巢之大业，葬送在反叛者手中。

其六是农民军虽然暂时实现了改朝换代，但在治国体制与立国思想上几乎没有多少创见和新意，无论是中央制度还是地方制度都一仍其旧，就连已明显成为锢疾的监军制度，也拿来照搬照用。从这一点来看，黄巢比之后来的赵匡胤又逊色了很多。

就唐僖宗而言，虽然转败为胜，并且随着黄巢军的失败，又入主长安，但这并不意味着王朝已经转危为安。经过这若干年的震荡，唐王朝统治已摇摇欲坠，分崩离析，终至走上了覆亡之路。

在黄巢农民军与唐王朝旷日持久的大战中，胜负虽分，但尘埃并未落定。这场大战的真正受益者是各地的藩镇大帅，是各地新兴的或旧有的割据者。综观大战的整个进程，我们可以看到这样三种现象：

第一是大藩消极，小藩主动。像高骈、周宝这样兵力雄厚的强藩大镇只想保存实力，不想积极应命，因此，在关中前线抵抗黄巢军的，反倒以一些弱小藩镇为主。像黄巢入长安后唐王朝组织的第一轮反攻，即以郑畋、唐弘夫、程宗楚、王重荣、王处存、拓跋思恭为主。郑畋为凤翔节度使，算是关中大镇，但在全国范围内，就弱小了一些；唐弘夫是前朔方节度使，此次协助郑畋统凤翔之兵；程宗楚是泾原节度使；王重荣是河中节度使；王处存为义武节度使；拓跋思恭本为宥州刺史，此时权知夏绥节度使。这些中小藩镇的积极性主要来自他们改变自身地位、壮大自身势力的需求，事实上，他们中的许多人也达到了这一目的。

第二是政治准则与政治道德的丧失。不管是黄巢部将还是曾经叛唐降黄巢者，只要肯归依唐王朝，僖宗都"兼容并蓄"，王重荣、诸葛爽、朱全忠都是这一类人物。这样，一方面是各种势力、各类政治人物政治廉耻的丧失，他们依违于强权与武力之间，不可能倾心维系王朝安危。另一方面则是皇权与中央集权的失控，对于朝臣也罢，对于地方藩镇也罢，都已没有一种强有力的制约。

第三是大批的地方力量根本无意于效忠王朝而发兵平乱，他们关心的是趁机发展个人势力，从而形成了一批新兴的地方势力。中和元年（881 年），高骈召石镜（今浙江临安）镇将董昌，声称要入关击黄巢。董昌部将钱镠劝董昌说："观高公无讨贼心，不若以捍御乡里为辞而去之。"① 董昌中途折返，高骈也不再催促。这时，新任杭州刺史路审中赴任刚至嘉兴，董昌径自引兵进入杭州，自称杭州都押牙、知州事，浙西节度使周宝无可奈何，只得奏其为杭州刺史。再如，庐州牙将杨行愍斩都将，自称八营都知兵马使，庐州刺史郎幼复只好向高骈举荐，高骈即以其为淮南押牙、

---

① 《资治通鉴》卷二五四。

知庐州事，僖宗很快便任命他为庐州刺史，从而使其成为又一个新兴的地方势力。[①]

从以上叙述中我们可以看出，黄巢起义耗尽了唐王朝最后一线生机，唐僖宗及其后继者不仅受制于藩镇，同时又受制于宦官，唐王朝的统治实际上已名存实亡。

二、帝国落日

光启四年（888 年）三月六日，二十七岁的唐僖宗走完了颠沛流离的短暂一生，被葬在靖陵（位于今陕西乾县）。唐僖宗死后，唐懿宗第七子、唐僖宗之弟李晔即位，是为唐昭宗。

李晔于咸通八年（867 年）出生，六岁时被封为寿王，初名杰。后被封为幽州卢龙节度使，加封开府仪同三司，授幽州大都督。唐僖宗即位之后，因为是同母弟弟的缘故，待他十分优厚。广明元年（880 年），因为黄巢起义军逼近长安，唐僖宗逃往成都，李晔一直随侍僖宗左右，得以参与军国大事，唐僖宗与朝野上下都十分看重他。

唐昭宗即位后的第一件事是驱除宦官。因为昭宗即位后仍是宦官控制朝政，此时的宦官头目正是极力拥护昭宗即位的杨复恭，昭宗表面上对杨复恭表示尊敬。同时，却尽量回避与杨复恭等人的接触，政事都和宰相们商议。暗地里，昭宗经常与大臣们谈论如何限制宦官、提高君权的事情。昭宗也借助各地节度使的力量与宦官较量。经过一年多的明争暗斗，以杨复恭为首的宦官败下阵来，杨复恭本人在逃亡途中被活捉斩首。

经过一系列的斗争，唐昭宗在一定程度上改变了多年以来宦官专权的局面，接下来，他又将治理重点放在了对藩镇势力的打压上。

自安史之乱后，藩镇割据就已经形成。到昭宗时，已成尾大不掉之势。面对这

---

① 参见齐涛主编，马新、齐涛著：《中国政治通史》5，《繁盛中转型的隋唐五代政治》，泰山出版社 2003 年版，第 442—445 页。

种情况，昭宗认识到皇权衰退的主要原因是朝廷没有自己的武装力量与地方藩镇相抗衡，所以藩镇才拥兵自重。僖宗时，中央禁军已经被彻底摧毁。因此，昭宗即位后，便决定重新组建禁军，在禁军初建后，昭宗便开始了对藩镇的斗争。

在对藩镇用兵时，实力最强的河东节度使李克用被朱全忠、李匡威、赫连铎联军打败，这对昭宗来说是一针强心剂。昭宗对李克用一直没有好感。李克用出身于沙陀贵族，他曾帮助唐王朝镇压黄巢起义，为复兴唐朝立过大功，但他也曾率兵包围过长安，迫使僖宗流亡，所以说李克用对唐王朝是功过参半。昭宗讨厌李克用的主要原因是，当时对朝廷威胁最大的几股地方势力中，李克用是最难对付的一个。李克用足智多谋，善于用兵，加之他兵多将广，实力雄厚，是当时屈指可数的几个强藩之一，这对朝廷构成了严重的威胁。

但是，朝廷对李克用的征讨却出师不利，派去的几路大军皆大败。面对这种结局，唐昭宗心中十分沮丧，看着自己即位后所做的削藩努力都付之东流，眼见天下四分五裂，却无可奈何。

无力回天的唐昭宗逐渐沦落为藩镇诸侯们随意侮辱的对象，陇西郡王李茂贞开始对朝政指手画脚。一些正直大臣认为他干涉朝政，眼中没有君主，便对他加以斥责。李茂贞大怒，领兵进长安问罪。忠心耿耿的宰相杜让能站出来，用性命为昭宗化解了一难。但是，自此以后，大臣们也和昭宗疏远了。

没过多久，李茂贞又兵临长安，并且杀死了另一个宰相崔绍纬，昭宗无处可逃，想到只有李克用势力可与李茂贞抗衡，决定逃往河东去寻求李克用的庇护。走到半路被李茂贞的盟友、华州刺史韩建追上，韩建挟持昭宗抵达华州，堂堂一国之君就这样被大臣幽禁了将近三年，期间皇室宗亲十一人被杀。

朱全忠见昭宗不能还朝，遂占据了东都洛阳，决定拥兵自重，图谋大事。李茂贞、韩建见朱全忠图谋不轨，马上把昭宗送回长安。于是昭宗在乾宁五年（898 年）八月回到长安，同时宣布改元光化。昭宗回到长安，发现宦官势力已经重新抬头，并且和臣僚之间斗争激烈。宦官谋划废黜昭宗，拥立太子。

宰相崔胤想借朱全忠的力量将宦官势力彻底肃清，大宦官韩全诲和李茂贞联合对付朱全忠。朱全忠命令士兵将宦官统统杀掉，困惑晚唐已久的宦官问题终于被朱全忠解决。随着宦官被诛杀殆尽，昭宗也完全落入了朱全忠的掌控之下。为了报答朱全忠，昭宗加封朱温为梁王。朱全忠早有废帝自立之意，怎么会看重区区的梁王呢？

天复四年（904年）正月，朱全忠强迫唐昭宗迁都洛阳。八月十一日，朱全忠派大将蒋玄晖和史太带人深夜到宫殿将昭宗杀害，时年三十七岁。

唐昭宗被杀后，十三岁的李柷被立为帝，改年号为天祐，是为哀帝。李柷初名李祚，是唐昭宗第九子。哀帝年少，他不过是朱全忠立的傀儡罢了。哀帝在位期间，没有下达过任何实际的政令，朝中大权都由朱全忠掌控。哀帝唯一能够做的，就是顺着朱全忠的意思办事。

天祐二年（905年），哀帝加授朱全忠为相国，总百揆，后又进封魏王，所担任的诸道兵马元帅、太尉、中书令、宣武、宣义、天平、护国等军节度观察处置等使的职务照旧，同时朱全忠可以入朝不趋，剑履上殿，赞拜不名，兼备九锡之命，权力超过了汉初相国萧何和汉末丞相曹操。

天祐四年（907年）三月，在朱全忠的逼迫下，哀帝"禅位"。朱全忠建国号梁，改元开平，以开封为国都，史称后梁。大唐近三百年的基业就此灭亡，中国历史从此进入了一个乱世时代——五代十国时期。①

---

① 参见张杰编著：《这才是大唐史》，中国书籍出版社2018年版，第356—359页。

结语 唐代政治盛衰的历史启示

盛唐是中国封建社会发展过程中的一个高峰时期。与汉王朝相似，唐王朝也是在长期分裂割据之后出现的一个统一的中央集权的帝国政权。唐王朝在重建与维护统一、改革政治制度、发展经济文化、扩大对外开放等方面，多有建树，其辉煌成就为后世所称道。

关于唐王朝的治乱兴衰，值得总结的历史经验与教训颇多，这里从宏观的历史角度作一个概括性的总结。

（一）要重建与巩固多民族国家，维护统一的政策措施十分重要。统一国家的重建，以及较长时间的维护，表明秦汉建立的以汉民族为核心的统一国家形态，在经历了南北朝长期动乱和隋唐统一国家的加工后，已成为历史发展的基本趋势。而唐王朝时期，国家统一的长期保持，与这一时期统治者采取的一系列维护统一的政策措施密切相关；分裂与割据局面的出现，也与统治者在一些重大问题上处置失当有着很大的关系。

（二）中央与地方的关系，事关统一与分裂的大局。针对汉末以来所出现的治理问题，唐王朝建立伊始，即着力加强中央集权。三省六部制及宰相制度的确立与完善，标志着中央集权政治的成熟；在地方实行州、县两级制，在县以下的基层加强户口编制与管理，由中央政府直接任命州县官员，由监察部门定期与不定期地对地方进行专项或综合的监督考察，都使中央政府能有效地控制地方政权；废除汉魏以来的"九品中正制"，实行科举考试选拔人才，既改变了前代地方门阀垄断仕途的状况，又为中央王朝加强对国家的治理提供了有用的人才；在均田制的基础之上实行府兵制，并有意形成"内重外轻"的格局，更使中央政府有足够的军事力量威慑和驾驭四方。当这些措施在某些时期或某些地方处置失当，就会给统一局面造成严重威胁。唐玄宗时出于对边塞用兵的考虑，有意将"内重外轻"的军事力量分布变为"内轻外重"，于是就出现了"安史之乱"，几乎导致唐王朝覆灭。此后，又因府兵制的彻底破坏和节度使专兵，导致藩镇割据愈演愈烈。唐后期的中央三省六部及宰相政事堂议事制度遭到破坏，皇帝为扩大皇权，不得不倚重宦官，又给宦官专权造成可乘之机，这更加剧了统治集团内部的矛盾和地方势力的分裂。

（三）汉民族与少数民族的关系如何，也与国家统一或分裂密切相关。魏晋南北朝长期分裂的局面，在很大程度上是由民族矛盾造成的。而这一时期各民族的磨合，又为隋唐国家的统一与发展创造了条件。唐王朝建立后，民族矛盾问题已远不如前代那样严峻，但如何处理与边疆各族政权之间的关系，仍然是事关国家统一安定的大问题。总的来说，唐王朝对民族关系处理所取得的成就是有目共睹的，这一时期实行的许多民族政策都是正确和成功的。如对公然入侵内地、肆行残暴的一些少数民族贵族武装予以坚决的打击，有效地维护了国家的统一和民众生活的安宁。对绝大多数友好的边疆少数民族，尽量实行和睦相处的政策，以"和亲"等方式加强民族间的交往与合作，给各族人民都带来了益处。当然，这一时期的统治者在某些时候，在民族关系问题上，也有处置失当的情况。如唐朝前期对高丽的武力讨伐，就带有明显的侵略色彩，给汉族人民和高丽人民都造成了一定的灾难，也引发了唐王朝的社会矛盾，给分裂势力造成可乘之机。唐朝后期在中央政府与地方藩镇的斗争中，中央政府对某些少数民族武装力量的借用与处置失当，也是导致唐王朝统治灭亡的一个重要因素。

（四）经济利益的分配，对社会的统一与稳定关系极大。唐王朝统治者采取的一些经济政策与措施，比较注意照顾社会各方面和各阶层的利益，如均田制、租庸调制，以及后来实行的两税法，就政策本身而言，是既要增加国家的财赋收入，又要维护官僚地主的既得利益，还要适当照顾广大民众的生活，用心是良苦的，在总体上也较好地协调了各方的利益关系。而一旦这些政策本身出现偏颇，或在实际贯彻中"走样"，就必然伤害某一方的利益，其中在大多数情况下是伤害百姓的利益，从而酿成社会动乱，加剧了农民及工商业者的负担，引发了农民大起义和统一王朝的动乱与分裂。

（五）思想文化的导向对于统治与治理都十分重要。与经济利益分配同样甚至更为重要的，是思想文化的导向。汉代"罢黜百家，独尊儒术"以后，儒家思想以及忠孝仁义等道德观念，已广泛深入到社会思想文化的各个领域，并在封建法律制度中得到了比较完美的体现，唐王朝的《开皇律》与《永徽律疏》就是典型的代表，它对唐王朝政治与社会的长期统一与稳定，起到了不可估量的作用。

（六）改革要因时制宜。把握机遇，顺应时势，是革新制度的首要一环。隋文帝取代北周之际，之所以大刀阔斧地改革北周官制，采用汉魏之制，是因为他看到了北周六官之制早已不适应当时统治的需要，汉魏以来逐渐发展的三省六部制，更能顺应时势所需，故能在大动作之中取得大成效。唐初推行均田制、租庸调制、府兵制是因为当时战乱之后人口凋敝、土地荒芜、经济萎靡，具有推行这些制度的物质前提和社会前提，顺应了民众需要休养生息、经济需要恢复发展、赋税需要均平、社会需要安定的时势要求。唐中期以后，改革赋税制度，变租庸调制为两税法，也是从当时实际情况出发的顺势之举。相反，武则天时期，单凭个人主观愿望，以个人专制为目标，对中央官制屡屡变更，令人目不暇接，鲜有为后人称道的地方。掌握动态，适时修正，是革新制度时必须坚持的一项基本原则。法立弊生。一项再好的制度，即使创制者考虑得周密再周密，一旦实施之后，与多变复杂的实际情况之间，就会出现不相符的地方，而且在实施一段后，制度当初的针对性，也会因被针对情况的变化而成无的之矢，甚至由治病的良药变为害民的弊政。从理论上说，制度革新是一个永无止境的过程，任何时候都不可能一劳永逸。从实践上说，则要求革新者必须始终掌握革新动态，适时修正革新措施。唐王朝比较贤明的统治者，在革新制度的过程中，都比较注意根据实际情况而采取不同的实施措施；对那些所针对的情况已经发生变化而显得过时的制度，也能适时加以修正，这在律、令、格、式的及时修订中，可以体现出来。而那些比较昏庸的统治者，则往往满足于一时一事的举动，不懂得也不愿意甚至懒于去掌握动态，适时修正，因而大都难免在"法立弊生"中苟且偷安，由革新变为保守，由进步走向反动。

（七）集思广益，上下一心，是革新制度的一个关键。制度革新，事关重大。决策一旦失误，便会造成十分严重的后果。因此，在尽可能的情况下集思广益，在统治集团内部尽量取得共识，是非常关键的。唐太宗贞观时期，注意借鉴历代兴亡的经验教训，在统治集团内部，充分发扬民主，鼓励人们大胆发表不同意见，在重大决策之前展开争论，然后集中正确的意见，加以施行。故在这一时期出台的一些革新措施，大都比较科学合理，有利于经济发展与社会稳定，因而出现了被后世称道的"贞观之治"。相反，唐朝中后期一些皇帝的变革，如"永贞革新"，在很大程度上就带有个人专断和神秘色彩，因而或是决策失误，或是难以推行，最终难免失败。

（八）培养力量，稳步推行，是革新制度的重要保证。一般而言，顺应时势的制度革新，本身具有推行的社会基础。但革新与推行是互动的，因而在许多时候，又需要充分的准备，周密的部署，科学的步骤。其中最重要的，是培养制度革新的力量，积极而又稳妥地推行革新的制度，以降低制度革新的成本，提高制度革新的效益。在封建时代，所谓培养力量，除了集中优秀人才外，最主要的是整顿吏治，这既是革新的内容，又是革新的保证。唐王朝废除九品中正，推行科举考试，废弃官员世袭，规定任期与回避等，既是一种制度革新，又是实施其他革新制度的保证。唐朝前期推行一些重大改革措施时，革新者都十分重视聚集志同道合的力量，整肃吏治，扩大宣传力度，并加强督促检查，使这些改革措施得以有条不紊地顺利推行，这在唐前期均田制、户口调查登记制等的实行中，反映得比较明显。相反，唐中后期的"两税法"，本身不失为一种顺时应势的改革，但由于当时推行这一制度的主要力量——官吏队伍的腐败与失控，在贯彻实施中上下其手，造成了立法者始料不及的严重弊端。"永贞革新"的许多内容无疑是合理的，但因革新者没有聚集更多的力量，又操之过急，结果只能是昙花一现。

（九）发展经济的一个重要问题，是如何调动劳动者的生产积极性。封建时代调动劳动者生产积极性的措施，主要有两条：一是刺激与鼓励劳动者增加农业生产；二是轻徭薄赋减轻劳动者负担。这两条措施，在几乎所有的封建王朝中都曾实行过，只是程度有所不同，成效也有大小。唐王朝在多数情况下，尤其是在前期，都比较注意实行这两种办法，如限制官僚地主占田过多，适当抑制工商业的规模，加重工商业者税收，以促使更多的劳动者归于田亩；政府出面组织兴修水利等工程，改善生产条件，有利于劳动者增加生产，特别是农业生产。实行租庸调法、两税法，加强对户口的调查统计和对户等的评定，精简政府机构，倡导节俭之风等，这些都利于公平税赋，减轻劳动者的负担。而在灾荒时期实行的各种"荒政"，如义仓、平粜、减赋、免役、救济等，又带有强烈的封建"仁政"色彩，客观上有利于恢复劳动者的生产能力，调动劳动者的生产积极性。这一切都有效地促进了隋唐经济的恢复、发展与繁荣。

（十）科技是介于狭义的经济与文化之间的一个重要因素。科技的进步，既有利于经济的发展，也有益于文化的繁荣。唐王朝在前代积累的基础上，科学技术有了新的明显的进步，而统治者在通常情况下，也比较注意把新的科学技术推广运用到社会的经济文化领域，使科技、经济、文化相得益彰。如这一时期发明的曲辕犁，较前代的直辕犁，有许多优点；耙和砺碎（用于水田）、碌碡（水旱田兼用），便于平治田地，除去杂质；利用水力转动的筒车，既节省人力，又能把低处的水引到山田。这些农业工具经推广运用后，大大提高了劳动生产率。纺织技术、造船技术、制瓷技术、焙茶技术、造纸技术、采矿技术、建筑技术，都有新的进步，对手工业各领域的发展，起到了很大的推动作用。主要在官方支持和倡导下发明的新的天文历算技术、雕版印刷技术，以及医药学领域的技术进步，对当时文化艺术的发展与传播，更是功不可没。

（十一）由国家出面，动员和组织各方力量，集中兴办一些大的基础工程，是中央集权的封建国家经常采取的一项发展经济的措施，也是唐王朝经济社会取得较快发展的一条重要经验。唐初大规模地营建长安和洛阳，以及对一些地处要冲的城镇的集中建设，都有利于经济尤其是商业贸易的发展。唐王朝由中央和地方政府出面组织力量修建的许多大的水利灌溉工程，对于保持当时农业生产在较大规模和较高水平上持续发展，作用很大。当然，在由国家出面集中力量办大事的时候，必须注意量力而行，注意社会各方主要是民众的实际承受能力，否则，就会出现好心办坏事的结果，唐朝中后期就有不少这方面的教训。

（十二）国家的发展与对外开放分不开。唐的对外开放，是全方位的，不仅在经济领域和思想文化领域实行对外开放，就是一直被封建统治者视为禁区的政治领域，也实行对外开放。正是这种空前绝后的全方位的开放，给唐王朝政治与社会生活的各个方面增添了许多活力，注入了许多创新的动力，从而造就了这一时期光辉灿烂的物质文明、精神文明和制度文明。

唐朝的对外开放，在多数情况下是互通互利的。互通互利，是对外开放的本来含义。但历史上，也不乏以强凌弱、有来无往、有往无来、利益独霸的情况。作为当时世界上国力最强、文明程度极高的唐王朝，在实行对外开放的过程中，在绝大多数情况下，都能做到有来有往，平等相待，有时还能给予外来者更多的优待，这被当时和后世所称道。正是因为唐王朝能做到这一点，才吸引了更多的外来者，在带来国外文明的同时，也传播了中国的文明。盛唐时期，许多中国人走出国门，在传播中华文明的同时，带回世界许多民族与国家的文明，相互促进着那个时代人类文明的共同发展。

唐王朝对外开放的全方位、互通互利的特点，是唐王朝自身强大的表现，又是唐王朝强大自身的途径。在封建专制制度下，实行对外开放是需要有勇气和自信心的，没有勇气和自信的国家与民族，是不敢也不能实行对外开放，尤其是全方位的对外开放。唐王朝的对外开放，既来自统治者自身强大的勇气和自信，又来自统治者在大多数情况下对实行开放的正确认识与实践。正因为如此，这一时期的对外开放才持续地保持着空前的规模和高水平，促使唐王朝走上强大自身之途。

（十三）在总结唐王朝治乱兴衰的基本经验时，除了上述各条外，还有三条很重要的经验，即：广开言路，重用贤才，依法办事。"贞观之治""开元盛世""元和中兴"，无不因此而实现，反之，衰乱就会接踵而至。

（1）广开言路，这是治世的前提。封建时代的广开言路，实质就是在统治集团内部，实行一定的民主。这要求君主有一定的气度，能够虚心纳谏；臣下有一定的胆略，敢于和善于进谏。在君主专制的封建制度中，只有广开言路，在统治集团内部实行一定的民主，才能有效地防止个人专断可能造成的种种失误，实行比较科学民主的决策，使封建国家的各项方针、政策比较符合当时的社会实际，从而促进社会的发展进步。后人称颂的"贞观之治"，就是以唐太宗能够虚怀若谷地纳谏，以魏徵为代表的一批大臣敢于和善于进谏为基本特征的。唐中期，唐玄宗也是在姚崇、宋璟等一批忠直贤能之士的匡谏之中，实现"开元盛世"的。唐晚期的"元和中兴"，更源于唐宪宗对转衰为兴的谏言的广为吸纳。

（2）任用贤才，这是治世的关键。唐太宗在贞观初年就强调用人要有正确的导向。"贞观之治"的形成，与他任用一批贤良之士是分不开的。尤其是长孙无忌、房玄龄、杜如晦等人被任为宰相，对他的辅佐极大。"开元盛世""元和中兴"时期，也是贤相毕至的时期，姚崇、宋璟、武元衡、裴度等都是后世仿效的一代名相。除了相才外，凡治世时期，又都十分重视对州县等亲民官员的任用，唐太宗、唐玄宗都是把州县长官的人选牢记在心的，并不时亲自加以简拔。通过广开言路、科举考试等途径来发现、选择人才，不避亲仇，不讲门第，坚持以德才为选拔标准，以有无实绩来任用升降官吏，也是这一时期治世得以形成的关键所在。一旦最高统治者背弃这些根本原则，远贤近佞，朝政马上就会出现弊端，乃至酿成大乱。唐玄宗后来对李林甫、杨国忠等奸佞之辈的任用，就导致了"安史之乱"的爆发，从而使得唐王朝的盛世成为明日黄花。

（3）依法办事，这是治世的重要保障。多少年来，人们有个误解，似乎在君主专制社会，是无法制可言的，更谈不上依法办事。其实不然。只要稍微仔细研究一下中国古代社会的历史，就会发现，在君主专制的社会中，也是有法制可言的。唐王朝是中国古代法制建设取得辉煌成就的时期。而这一时期的治乱盛衰，又都与法制建设的好坏直接相关。唐朝初期，唐太宗强调法律的统一、稳定和严格执行，有许多典型的事例，表现出这一时期在依法办事方面，的确做到了有法必依，赏罚严明，并出现了一批能坚持依法办事的良吏与循吏，他们在这方面的所作所为，就是在现代社会中也堪为楷模。正是因为有这样一批坚持依法办事的执法官员，才能使社会上遵纪守法蔚为风气，使守法为国者能得到扶持重用，使贪赃枉法者能受到严厉惩处。就连皇帝本人，有时也不得不在他们面前收敛自己不够检点的言行。这又在一定程度上使君主专制下可能发生的不法行为得到遏制。当然，在君主专制制度下，是不可能做到完全依法办事的。专制皇权及其代表的封建贵族特权阶层的利益，总是要与法制相冲突的，即使这个法制本来是由他们自己制定并基本上代表了他们的意志。这也就决定了依法办事，只能是暂时的，不能坚持到底，由此而来的封建治世，也只能是一时的，不可能维持长久。"贞观之治"后武则天的坏法，"开元盛世"后的"安史之乱"，"元和中兴"后的国家再度分崩离析，在一定意义上讲，都是君主专制与依法办事相冲突的必然结果。①

（十四）唐王朝的灭亡，主要是由四大原因所导致：朋党之争、安史之乱、藩镇割据、宦官专权。皇权是国家统一与稳定的象征。在中央政府，必须处理好皇权与相权之间的关系，必须处理好皇帝身边亲信与朝廷大臣之间的关系。在中央与地方关系上，必须实行强有力的中央集权。尤其是藩镇割据最终导致了唐王朝的灭亡，给后世留下了深刻的教训，这就是：军队必须由中央政权直接牢牢地控制，不能为将领所私有；必须建立一个有效的制衡机制，防止将领的权力过大，防止内轻外重，等等。

---

① 参见宋昌斌著：《盛唐气象——封建社会的鼎盛》，长春出版社 2005 年版，第 22—31 页。

附录　主要参考书目

《隋书》

《通典》

《旧唐书》

《新唐书》

《资治通鉴》

《唐会要》

《唐大诏令集》

《大唐创业起居注》

《贞观政要》

《全唐诗》

《全唐文》

汤用彤著:《隋唐佛教史稿》,中华书局 1982 年版。

白钢主编,俞鹿年著:《中国政治制度通史》,人民出版社 1996 年版。

施建中主编:《中国古代史》(下册),北京师范大学出版社 1996 年版。

漆侠主编:《中国改革史》,河北教育出版社 1997 年版。

郑师渠总主编,王永平主编:《中国文化通史》隋唐五代卷,中共中央党校出版社 2000 年版。

刘泽华、葛荃主编:《中国古代政治思想史》,南开大学出版社 2001 年版。

齐涛主编,马新、齐涛著:《中国政治通史》5,《繁盛中转型的隋唐五代政治》,泰山出版社 2003 年版。

宋昌斌著:《盛唐气象——封建社会的鼎盛》,长春出版社 2005 年版。

张杰编著:《这才是大唐史》,中国书籍出版社 2018 年版。

于之伟、李鹏主编,王严著:《帝国的归宿》唐朝卷,中国华侨出版社 2018 年版。

胡平著:《未完成的中兴——中唐前期的长安政局》,商务印书馆 2018 年版。

梁红仙著:《思想与政治之间——唐玄宗时期政治思想研究》,中国社会科学出版社 2020 年版。